TOPFLAPPEN
HÄKELN

Zucke

Cornelia Dobiasch / Anne Thiemeyer

TOPFLAPPEN HÄKELN

DIE 70 SCHÖNSTEN IDEEN

Weltbild

Genehmigte Lizenzausgabe für Verlagsgruppe Weltbild GmbH,
Steinerne Furt, 86167 Augsburg

Diese Lizenzausgabe ist ein Sammelband aus folgenden Titeln:
Cornelia Dobiasch, *Großmutters schönste Topflappen*, Copyright © 2006 Urania Verlag, Stuttgart
Anne Thiemeyer, *Die schönsten Topflappen*, Copyright © 2001 Urania Verlag, Stuttgart

Koordination und Bearbeitung der vorliegenden Ausgabe:
Helene Weinold-Leipold, Altenmünster/Violau
Fotos: Sabine Münch, Berlin; Andreas Gerhardt, Freiburg
Lektorat: 360°/Eva Hauck, Berlin
Modelle: Anne Thiemeyer, Cornelia Dobiasch

Satz: Undercover, Agentur für Media Design, Augsburg
Umschlaggestaltung: Marion Waldmann, Augsburg
Gesamtherstellung: TYPOS-Digital Print, spol. s r. o.,
Podnikatelská 1160/14, CZ-320 59 Plzen
Printed in Czech Republic

ISBN 978-3-8289-2561-8

2010 2009 2008 2007
Die letzte Jahreszahl gibt die aktuelle Lizenzausgabe an.

Allgemeine Hinweise

Abkürzungen

Abb.	= Abbildung
abm	= abmaschen
Dstb	= Doppelstäbchen
dreif Stb	= dreifaches Stb
fM	= feste Masche
Hs	= Häkelschrift
hStb	= halbes Stäbchen
Km	= Kettmasche
Knl	= Knäuel
Lm	= Luftmasche
lt.	= laut
M	= Masche(n)
R	= Reihe(n)
Rd	= Runde(n)
Stb	= Stäbchen
Str	= Strang/Stränge
wdh	= wiederholen
Zm	= Zählmuster
zus	= zusammen

Allgemeine Hinweise

Auf den folgenden Seiten finden Sie alle Hinweise, die Sie zum Nacharbeiten der abgebildeten Topflappen benötigen. Die einzelnen Maschenarten werden anhand von Zeichnungen erläutert. In den Häkelschriften wird jede Maschenart durch ein eigenes Häkelschriftzeichen dargestellt. Die Erklärung der Häkelschriftzeichen finden Sie auf Seite 9.

Garn

Wenn nicht anders angegeben, sind die Modelle in diesem Buch aus Topflappengarn (100 % Baumwolle; LL 70 m/50 g) gehäkelt.

Handhaltung

Die Häkelnadel kann wie ein Bleistift (Abb. 1) oder wie eine Stricknadel (Abb. 2) gehalten werden.

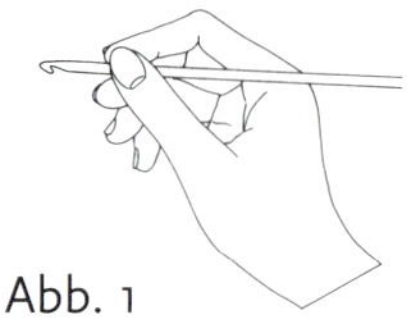

Abb. 1

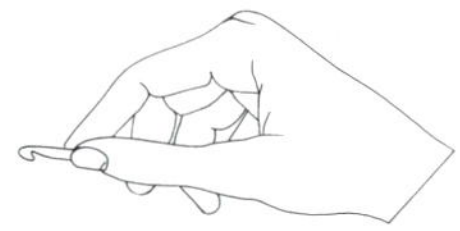

Abb. 2

Daumen und Mittelfinger der linken Hand halten die Arbeit, der linke Zeigefinger führt den vom Knäuel kommenden Faden und reguliert die Fadenspannung.

Maschenarten

Anfangsschlinge, Abb. 3 + 4

Viele Häkelarbeiten beginnen mit einer Lm-Kette, für die zunächst eine Anfangsschlinge gebildet wird. Den Fadenanfang zu einer Schlinge legen. Den vom Knäuel kommenden Faden mit der Häkelnadel durch die Schlinge ziehen. Die Fadenenden anziehen, bis die Schlinge locker auf der Nadel liegt.

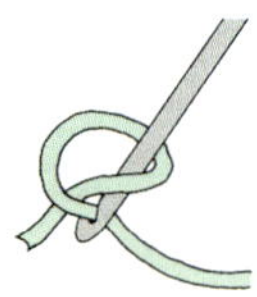

Abb. 3

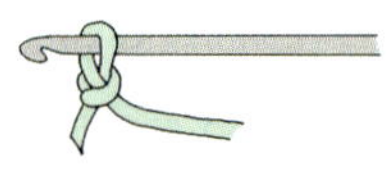

Abb. 4

Luftmaschen, Abb. 5 + 6

Einen Umschlag auf die Nadel nehmen und durch die auf der Nadel liegende Schlinge ziehen.

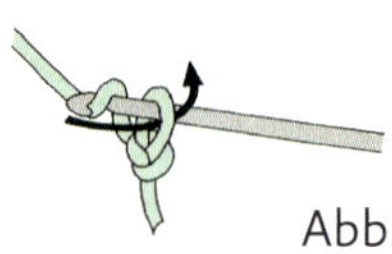

Abb. 5

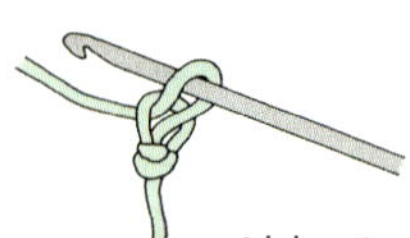

Abb. 6

Kettmasche, Abb. 7 + 8

In eine M einstechen, einen Umschlag auf die Nadel nehmen und in einem Zug durch die M und die auf der Nadel liegende Schlinge ziehen.

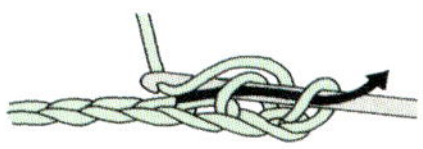

Abb. 7

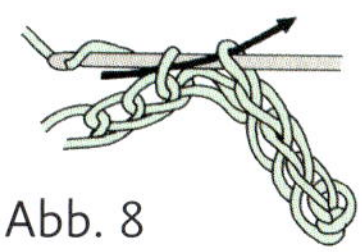

Abb. 8

Feste Masche, Abb. 9–11

In eine M einstechen, einen Umschlag auf die Nadel nehmen und durch die M ziehen. Dann erneut einen Umschlag aufnehmen und in einem Zug durch beide auf der Nadel liegenden Schlingen ziehen.

Abb. 9

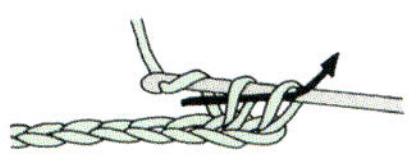

Abb. 10

Abb. 11

Halbes Stäbchen, Abb. 12–14

Einen Umschlag auf die Nadel nehmen, in eine M einstechen und eine Schlinge durchholen. Dann erneut einen Umschlag aufnehmen und durch alle 3 auf der Nadel liegenden Schlingen ziehen.

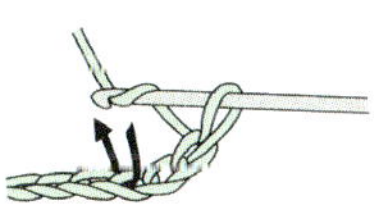

Abb. 12

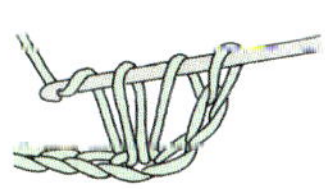

Abb. 13

Abb. 14

Stäbchen, Abb. 15–18

Einen Umschlag auf die Nadel nehmen, in eine M einstechen und eine Schlinge durchholen. Einen Umschlag aufnehmen und durch 2 auf der Nadel liegende Schlingen ziehen. Diesen Vorgang bezeichnet man als abmaschen (abm). Dann erneut einen Umschlag aufnehmen und die letzten beiden Schlingen abm.

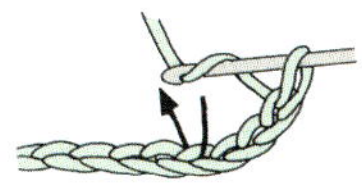

Abb. 15

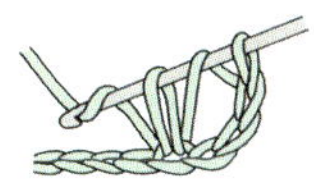

Abb. 16

Abb. 17

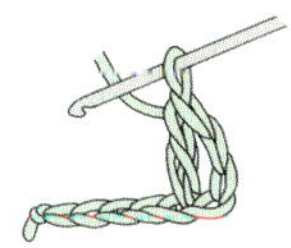

Abb. 18

Doppelstäbchen, Abb. 19–23

2 Umschläge auf die Nadel nehmen, in eine M einstechen und eine Schlinge durchholen. Einen Umschlag aufnehmen und 2 Schlingen abm. Noch 2 x mit je einem Umschlag je 2 Schlingen abm.

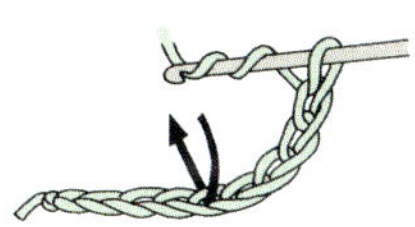

Abb. 19

Abb. 20

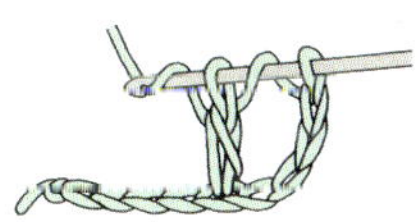

Abb. 21

Abb. 22

Abb. 23

Dreifaches Stäbchen
3 Umschläge auf die Nadel nehmen, in eine M einstechen und eine Schlinge durchholen. Dann 4 x mit je einem Umschlag je 2 Schlingen abm.

Fadenring, Abb. 24–28
Beim Häkeln in Runden beginnt man mit einem Fadenring. Mit der Häkelnadel einen Umschlag aufnehmen und durch den Ring ziehen. Die 1. fM durch 2 Lm ersetzen, dann fM in den Fadenring arbeiten. Nach der letzten fM wird der Ring mit dem losen Fadenende zusammengezogen.

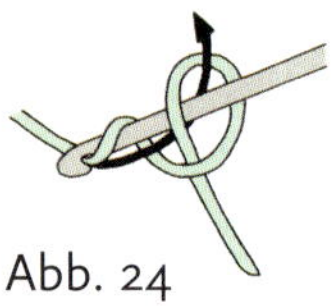
Abb. 24

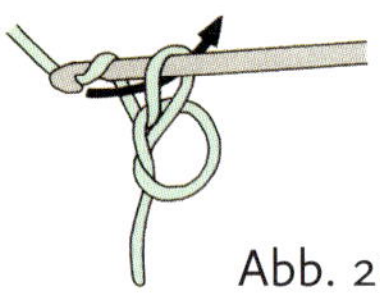
Abb. 25

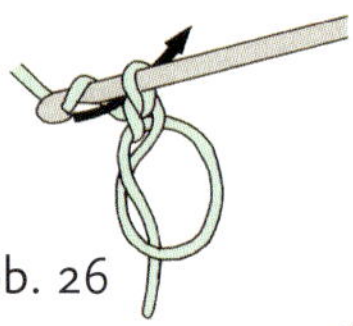
Abb. 26

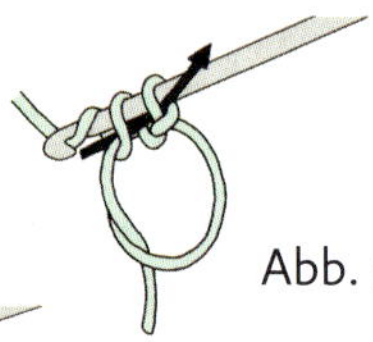
Abb. 27

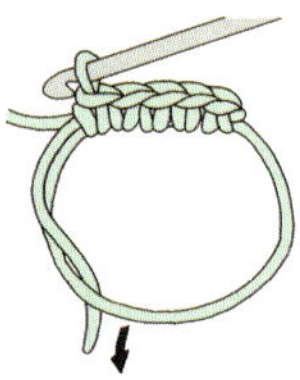
Abb. 28

Arbeiten nach Zählmuster
Ein Zählmuster gibt ein Modell Masche für Masche wieder. Jedes Karo des Zm steht für eine fM.

Luftmaschenanschlag
Für jedes Karo im Zm eine Lm anschlagen + eine zusätzliche Wende-Lm.

Gerade Ränder
Gerade Ränder lt. Hs arbeiten. In der 1. R die 1. fM in die 2. Lm ab Nadel häkeln. Am Anfang jeder R 1 Wende-Lm häkeln, dann die fM wie gezeichnet in die M der Vor-R arbeiten.

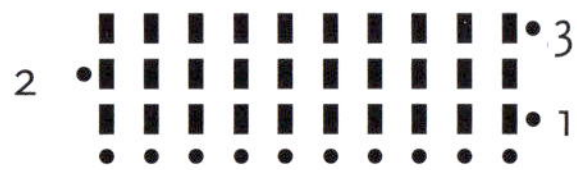

Zunahmen am Reihenanfang
1 M zunehmen: Nach der Wende-Lm 2 fM in die 1. M der Vor-R arbeiten oder 2 Lm anschlagen, die 1. fM in die 2. Lm ab Nadel häkeln.
Mehrere M. zunehmen: Pro Karo im Zm 1 Lm anschlagen + eine zusätzliche Wende-Lm. Die 1. fM in die 2. Lm ab Nadel häkeln.

Zunahmen am Reihenende
1 M zunehmen: In die letzte M der Vor-R 2 fM arbeiten oder 1 fM mit Fußschlinge häkeln, d.h. in die Einstichstelle der letzten fM einstechen, Schlinge durchholen und mit einem Umschlag abm. Diese Schlinge wird als Fußschlinge bezeichnet. Dann erneut einen Umschlag aufnehmen und durch beide auf der Nadel liegenden Schlingen ziehen.
Mehrere M zunehmen: Pro Karo im Zm 1 fM mit Fußschlinge arbeiten. Ab der 2. Zunahme die Fußschlinge aus der Fußschlinge der vorhergehenden M durchholen.

Abnahmen am Reihenanfang
1 M abnehmen: Nach der Wende-Lm die 1. fM in die 2. M der Vor-R arbeiten

oder die ersten beiden M zus abm, d. h. aus den ersten beiden M der Vor-R je 1 Schlinge durchholen, dann mit einem Umschlag alle 3 Schlingen zus abm.
Mehrere M abnehmen: Die entsprechende M-Zahl mit Km überhäkeln.
Tipp für einen weicheren Übergang: Wenn Sie z. B. 3 M abnehmen wollen, dann überhäkeln Sie nur 2 M mit Km, die folgenden beiden M werden zus abgemascht.

Abnahmen am Reihenende
1 M abnehmen: Die letzte M unbehäkelt lassen oder die letzten beiden M zus abm.
Mehrere M abnehmen: Die entsprechende M-Zahl unbehäkelt lassen.
Tipp für einen weicheren Übergang: Wenn Sie z. B. 3 M abnehmen wollen, dann maschen Sie die viert- und drittletzte M zus ab, die letzten beiden M bleiben unbehäkelt.

Kettmaschenlinien aufhäkeln
Das Knäuel unter das Häkelteil legen, die Häkelnadel von der Vorderseite aus durch das Häkelteil zur Rückseite führen und eine Schlinge auf die Vorderseite holen. Dann in den nächsten Einstichpunkt einstechen, wieder eine Schlinge von unten auf die Vorderseite holen und durch die auf der Nadel liegende Schlinge ziehen.

Erklärung der Häkelschriftzeichen

= Luftmasche (Lm)
= Kettmasche (Km)
= feste Masche (fM)
= 2 fM in dieselbe Einstichstelle
= 2 fM zusammen abmaschen: aus 2 nebeneinander liegenden M je 1 Schlinge durchholen, dann 1 Umschlag auf die Nadel nehmen und durch alle 3 auf der Nadel liegenden Schlingen ziehen
= 3 fM in dieselbe Einstichstelle
= fM mit Fußschlinge: aus der Einstichstelle der letzten M 1 Schlinge durchholen, mit 1 Umschlag abm = Fußschlinge. Dann 1 x 2 Schlingen abm. Für jede folgende fM die Fußschlinge aus der vorhergehenden Fußschlinge durchholen
= halbes Stäbchen (hStb)
= Stäbchen (Stb)
= 2 Stb in dieselbe Einstichstelle
= 2 Stb zus abm: von jedem Stb 1 x 2 Schlingen abm, dann mit einem Umschlag alle 3 auf der Nadel liegenden Schlingen zus abm.
= 3 Stb zus abm.: von jedem Stb 1 x 2 Schlingen abm, dann mit einem Umschlag alle 4 auf der Nadel liegenden Schlingen zus abm.
= Doppelstäbchen (Dstb)
= 2 Dstb zus abm: von jedem Dstb 2 x 2 Schlingen abm, dann mit einem Umschlag alle 3 auf der Nadel liegenden Schlingen zus abm.

Blüte in Lila und Weiß

Größe

ca. ∅ 20 cm

Material

Für 1 Topflappenpaar:

- Je 2 Knl Topflappengarn in Lila und Weiß
- Häkelnadel Nr. 3,5

Farbfolge

1.–3. Rd: Weiß
4. und 5. Rd: Lila
6. und 7. Rd: Weiß
8. und 9. Rd: Lila
10. Rd: Weiß

Ausführung (2 x arbeiten)

Siehe auch Häkelschrift auf Seite 12.
1. Rd: In einen Fadenring 16 Stb häkeln.
2. Rd: In jedes 2. Stb jeweils 4 Stb häkeln (insgesamt 8 Muscheln).
3. Rd: Jeweils in die Mitte zwischen 2. und 3. Stb jeder Muschel 6 Stb häkeln.
4. Rd: Jeweils in die Mitte zwischen 3. und 4. Stb jeder Muschel 8 Stb häkeln.
5. Rd: Jeweils in die Mitte zwischen 4. und 5. Stb jeder Muschel 10 Stb häkeln, zwischen die einzelnen Muscheln 1 Stb häkeln. Dabei dann jedoch nicht in die M der Vorrunde einstechen, sondern sie umschlingen.
6. Rd: Wie 5. Rd, allerdings zwischen die Muscheln je 2 Stb häkeln.
7. Rd: Jeweils in die Mitte zwischen 5. und 6. Stb jeder Muschel 12 Stb häkeln, zwischen die einzelnen Muscheln je 3 Stb häkeln.
8. Rd: Wie 7. Rd, allerdings zwischen die Muscheln je 4 Stb häkeln.
9. Rd: In jede M der Vorrunde 1 Stb häkeln, in das 3., 5., 7. und 9. Stb jeder Muschel der Vorrunde 2 Stb in ein Einstichloch häkeln.
Für einen Topflappen Rd 1–9 je 2 x häkeln, dann die Rückseiten zusammenlegen und mit fM zusammenhäkeln. Bei den Bögen je Bogen in gleichmäßigen Abständen 4 x 2 fM in ein Einstichloch häkeln. Für den Aufhänger 12 Lm mit fM umhäkeln.

Variation

Wenn Sie einen weniger deutlichen Farbkontrast wünschen, dann wählen Sie statt Weiß und Lila beispielsweise ein helles und ein dunkleres Blau. Arbeiten Sie mit diesen Farben gemäß Häkelanleitung und Häkelschrift.

† Stb
O Fadenring

Muschelmuster

(Abb. auf Seite 14)

Größe

ca. ∅ 21 cm

Material

Für 1 Topflappenpaar:

- 1 Knl Topflappengarn in Dunkelgrün
- 2 Knl Topflappengarn in Hellgrün
- Häkelnadel Nr. 3,5

Farbfolge

1. und 2. Rd: Dunkelgrün
3.–7. Rd: Hellgrün
8. Rd: Dunkelgrün
9. Rd: Hellgrün
10. Rd: Dunkelgrün

Ausführung

Siehe auch die Häkelschriften unten und auf Seite 15.

1. Rd: In einen Fadenring 28 Stb häkeln. Das 1. Stb wird ersetzt durch 3 Lm.

2. Rd: In jedes 2. Stb der Vorrunde 1 Stb, 2 Lm und 1 Stb häkeln.

3. Rd: Zwischen die beiden Stb und um die beiden Lm der Vorrunde immer 2 Stb, 1 Lm und 2 Stb häkeln.

4. Rd: Wie 3. Rd., allerdings zwischen die beiden Stb immer 2 Lm häkeln

5. Rd: Zwischen die 4 Stb und um die Lm der Vorrunde immer 3 Stb, 3 Lm und 3 Stb hakeln.

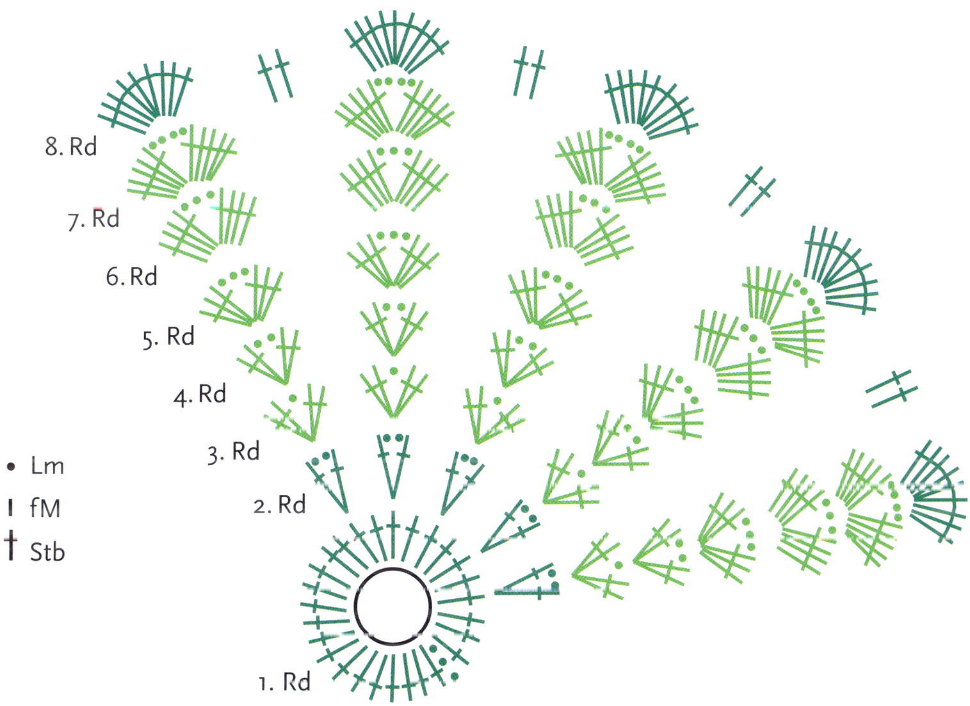

6. Rd: Zwischen die 6 Stb und um die Lm der Vorrunde immer 4 Stb, 3 Lm und 4 Stb häkeln.
7. Rd: Zwischen die 8 Stb und um die Lm der Vorrunde immer 5 Stb, 4 Lm und 5 Stb häkeln.
1.–7. Rd als 2. Topflappenteil noch einmal häkeln.
8. Rd: Beide Teile mit den Rückseiten aufeinanderlegen und mit Stb zusammenhäkeln. Hierfür zwischen die 10 Stb und um die Lm der Vorrunde immer 9 Stb häkeln, dann zwischen die Muscheln der Vorrunde 2 Stb häkeln.
9. Rd: 2 Stb in jedes Stb einer Muschel der Vorrunde häkeln (8 Stb-Paare je Muschel), in die Übergänge zwischen zwei Muscheln 3 fM häkeln. Hierbei nicht in die Stb einstechen, sondern diese umschlingen.
10. Rd: In jede M der Vorrunde 1 fM häkeln. Für den Aufhänger 12 Lm mit fM umhäkeln.

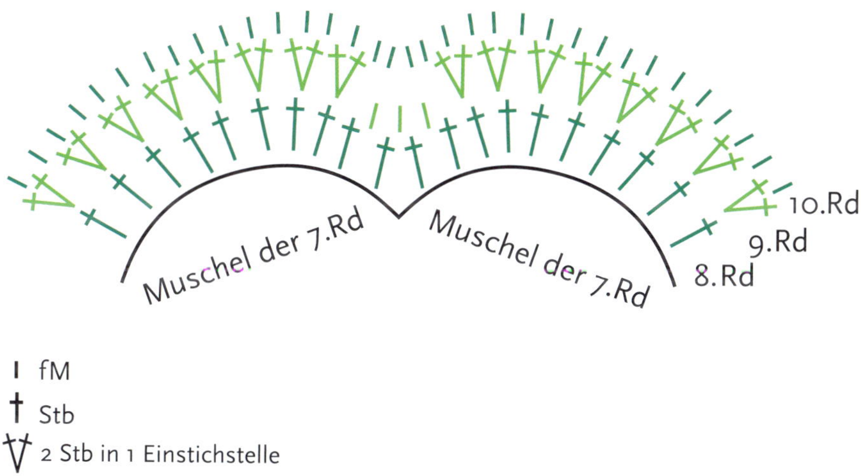

Blüte in Rot und Weiß

Größe

ca. ∅ 21 cm

Material

Für 1 Topflappenpaar:

- 1 Knl Topflappengarn in Weiß
- 2 Knl Topflappengarn in Rot
- Häkelnadel Nr. 3,5

Ausführung

1. Rd: In einen Fadenring mit Weiß 12 Stb häkeln.
2. Rd: In 1 Stb jeweils 2 Stb häkeln.
3. Rd: Mit Rot weiterarbeiten. Jede 2. M verdoppeln (in jede 2. M 2 Stb häkeln).
4. Rd: Jede 3. M verdoppeln.
5. Rd: Jede 4. M verdoppeln.
6. Rd: Jede 5. M verdoppeln.
7. Rd: Jede 6. M verdoppeln.
8. Rd: Jede 7. M verdoppeln.
9. Rd: Jede 8. M verdoppeln.
10. Rd: In jedes Stb der Vorrunde * 2 fM häkeln, dann 2 hStb, 2 Stb und danach 3 Dstb in ein Einstichloch häkeln. Anschließend wieder 2 Stb und 2 hStb häkeln, ab * wiederholen.
11. Rd: Den gesamten Topflappen mit fM in Weiß umhäkeln, beim mittleren Dstb 2 fM in ein Einstichloch arbeiten.

Den Aufhänger mit Weiß in der Mitte zwischen 2 Zacken arbeiten. Hierfür 12 Lm mit fM umhäkeln. Anschließend Km-Linien in Weiß mit der Häkelnadel arbeiten (oder Kettenstiche mit einer Stopfnadel auf den Topflappen aufsticken). Jede Km hat die Höhe eines Stb. Pro Km-Linie 8 Km häkeln. Insgesamt 10 Km-Linien mit doppeltem Faden arbeiten (siehe Foto links).

Topflappen mit überkreuzten Stäbchen

Größe

ca. ∅ 21 cm

Material

Für 1 Topflappenpaar:
- 2 Knl Topflappengarn in Weiß
- 1 Knl Topflappengarn in Gelb
- 1 Knl Topflappengarn in Rot
- Garnrest in Blau
- Häkelnadel Nr. 3,5

Farbfolge Vorderseite

1.–3. Rd: Gelb
4.–7. Rd: Rot
8.–13. Rd: Weiß

Farbfolge Rückseite

1.–13. Rd: Gelb
14.–19. Rd: Weiß

Ausführung

Siehe Häkelschrift auf Seite 20.

Vorderseite des Topflappens

1. Rd: 8 Lm zum Ring schließen.
2. Rd: 16 fM in den Ring häkeln.
3. Rd: Mit fM arbeiten, dabei jede 2. M verdoppeln.
4. Rd: * 1 fM häkeln, dann 10 Lm für eine Schlaufe arbeiten. Danach wiederum 1 fM in das gleiche Einstichloch wie die 1. fM häkeln. 2 fM häkeln. Ab * 7 x wiederholen (= 8 Schlaufen).
5. Rd: In jede Schlaufe 1 fM, 1 hStb, 7 Stb, 1 Lm, 7 Stb, 1 hStb, 1 fM häkeln. Die fM zwischen den Lm-Schlaufen in der Vorrunde bleiben unbehäkelt. Wenn die letzte Lm-Schlaufe umhäkelt ist, Faden vernähen.
6. Rd: * Um die Lm in der Mitte einer Schlaufe 1 fM arbeiten, dann 9 Lm häkeln. Ab * wiederholen.
7. Rd: Jeweils 9 fM um die 9 Lm der Vorrunde häkeln, 1 fM in die fM der Vorrunde arbeiten.
8. Rd: fM arbeiten. Dabei 4 x jede 20. M verdoppeln (= 84 Maschen).
9. Rd: In jede 2. fM der Vorrunde 1 fM häkeln, zwischen die fM jeweils 2 Lm arbeiten (= 42 Stege als Löcher für die später einzuziehende Kordel).
10. Rd: Je 1 fM in jeden Lm-Bogen und in jede fM der Vorrunde häkeln. 6 x jede 14. M verdoppeln.
11. Rd: In jede fM der Vorrunde 1 überkreuztes Stb häkeln (siehe Abb. unten). Zwischen den beiden überkreuzten Stb jeweils 1 Lm häkeln.
12. Rd: Überkreuzte Stb versetzt zur Vorrunde häkeln. Jetzt zwischen die über kreuzten Stb und zwischen die Paare aus überkreuzten Stb jeweils 1 Lm häkeln.
13. Rd: Wie 12. Rd.

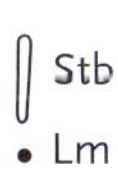

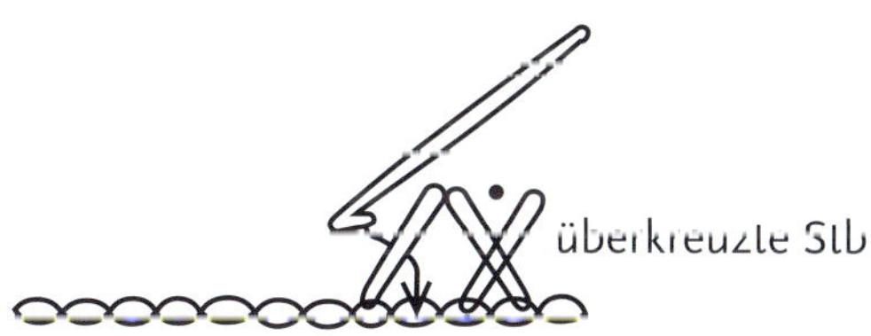

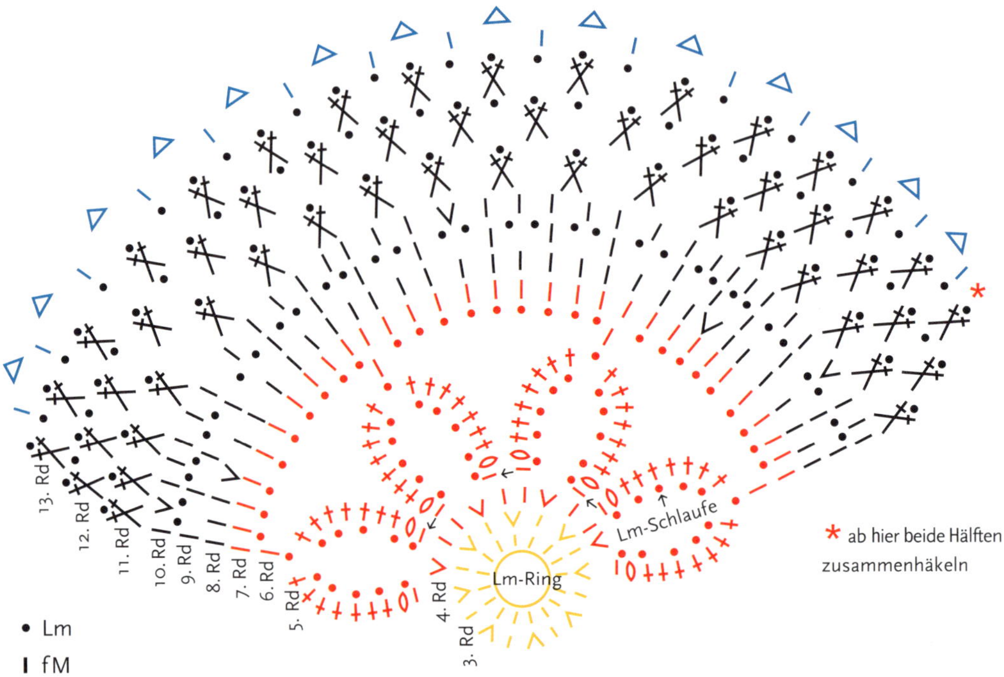

- • Lm
- I fM
- † Stb
- 0 hStb
- △ Mäusezähnchen
- X überkreuzte Stb
- V 2 fM in 1 Einstichstelle

Rückseite des Topflappens

1.–13. Rd: Mit fM in Gelb wie den Topflappen Schweinchen (siehe Seite 113) häkeln (= 78 M).
14. Rd: Jede 13. M verdoppeln (= 84 M).
15.–19. Rd: Ab hier wie die 9.–13. Runde der Topflappenvorderseite.

Dann eine blaue Lm-Kette häkeln, beide Topflappenhälften aufeinanderlegen, die Lm-Kette durch beide Hälften fädeln und auf der Innenseite verknoten.
Zum Schluss den Topflappen mit **Mäusezähnchen** in Blau wie folgt umhäkeln:
*1 fM in die nächste M (= hier: Zwischenraum zwischen einem Paar überkreuzter Stb) häkeln, 4 Lm, 1 Km zurück in die 1. Lm; 1 fM in die nächste M; ab * fortlaufend wiederholen.
Für den Aufhänger 12 Lm arbeiten und mit fM umhäkeln.

Bandmuster

(Abb. auf Seite 23)

Größe

ca. 24 × 25 cm

Material

Für 1 Topflappenpaar in Türkis:

- 2 Knl Topflappengarn in Türkis
- 1 Knl Topflappengarn in Weiß

Für 1 Topflappenpaar in Weiß:

- 2 Knl Topflappengarn in Weiß
- 1 Knl Topflappengarn in Türkis
- Häkelnadel Nr. 3,5

Ausführung

Siehe auch Häkelschrift auf Seite 22.
47 Lm und 1 Wendeluftmasche anschlagen.
1. R: 47 Stb häkeln.
2. R: * 7 Stb, 1 Lm arbeiten, dabei 1 M der Vorreihe überspringen, ins 9. Stb der Vorreihe einstechen, ab * bis zum Ende der R wiederholen.
3. und 4. R: Wie 2. R.
5. R: Abwechselnd 1 Stb, 1 Lm häkeln, dabei jeweils 1 M der Vorreihe überspringen, sodass ein Netzgitter entsteht, durch das später die Bänder durchgezogen werden.
6.–8. R: Wie 2.–4. R.
9. R: Wie 5. R.
10.–12. R: Wie 2.–4. R.
13. R: Wie 5. R.
14.–16. R: Wie 2.–4. R.
17. R: Wie 5. R.
18.–20. R: Wie 2.–4. R.
21. R: Wie 5. R.
22.–24. R: Wie 2.–4. R.
25. R: Wie 1. R.
Fäden vernähen. Für die Bänder zum Durchziehen in einer zweiten Farbe 49 Lm und 1 Wendeluftmasche anschlagen, dann 1 R mit 49 Stb häkeln. Fäden vernähen. Es werden 10 Bänder benötigt.
Die Bänder wie folgt waagerecht und senkrecht durch das entstandene Netzgitter ziehen:
Unter dem 1. Stb hervorziehen, dann über das 2. und 3. Stb legen, unter dem 4. und 5. Stb durchfädeln, dann wieder über das 6. und 7. Stb legen und wieder unter dem 8. und 9. Stb durchfädeln usw. Am Ende der R das Band wieder unter das letzte Stb legen.
Zuerst die 5 waagerechten und dann die 5 senkrechten Bänder durchziehen. Anschließend in der Farbe der Bän

der den Topflappen mit fM umhäkeln. Dabei auf der Rückseite des Topflappens die Enden der Bänder mit jeweils 2 fM je Band erfassen und am Topflappenrand festhäkeln. Danach um den Topflappen 1 Rd Mäusezähnchen häkeln (siehe Seite 20). Für den Aufhänger an der rechten oberen Ecke 12 Lm häkeln und mit fM umhäkeln.

Variation

Sehr hübsch sehen diese Topflappen auch aus, wenn Sie anstelle von Türkis ein kräftiges Pink wählen. Arbeiten Sie mit Weiß und Pink gemäß Häkelanleitung und Häkelschrift.

So weiterführen bis 21. R, die 22., 23., 24. R wie 2.–4. R arbeiten, 25. R dann wie 1. R häkeln

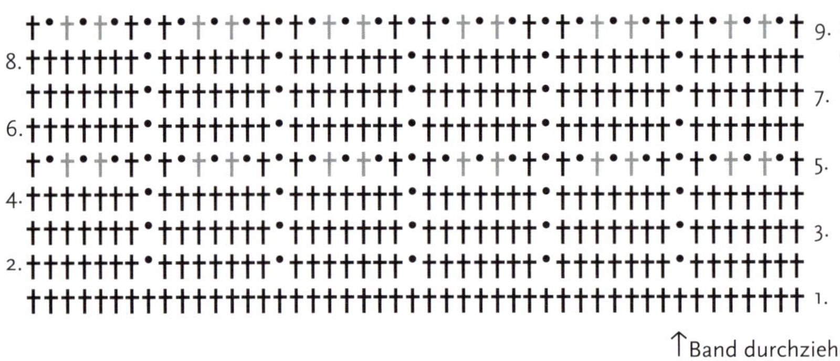

Die grauen Stb in der 5. und 9. R befinden sich unter, die schwarzen Stb befinden sich über dem durchgezogenen Band.

• Lm
† Stb

Topflappen mit Häkelblüten

Ausführung

Einen runden Topflappen in Weiß aus fM häkeln wie für den Topflappen Schweinchen (siehe Seite 113). Nach der 21. Rd den Topflappen mit 1 Rd Krebs-M (= fM von links nach rechts gehäkelt) in Hellgrün umhäkeln. Für den Aufhänger 15 Lm arbeiten und mit fM umhäkeln. Danach die 4 Blüten nach Häkelanleitung arbeiten und aufnähen.

Türkisfarbene Blüte

In einen Fadenring 5 fM häkeln, zwischen den fM jeweils 5 Lm häkeln. In jeden Lm-Bogen 5 fM häkeln, in jede fM der Vorrunde 1 Km arbeiten.

Rote Blüte

Einen Lm-Ring aus 6 Lm in Gelb arbeiten. Ebenfalls in Gelb 5 fM häkeln, zwischen den fM jeweils 1 Lm häkeln. Mit Rot in die Lm jeweils 1 fM, 1 hStb, 1 Stb, 1 hStb, 1 fM häkeln.

Gelbe Blüte

Siehe rote Blüte, nur in umgekehrter Farbfolge.

Orangefarbene Blüte

Einen Lm-Ring aus 6 Lm arbeiten. In den Lm-Ring * 1 fM, 4 Lm häkeln, dann in die 2. Lm von der Nadel aus einstechen und in die 3 Lm jeweils 1 fM häkeln, ab * noch 4 x wiederholen und mit 1 Km schließen.

Größe

ca. ∅ 19 cm

Material

Für 1 Topflappenpaar:

- 2 Knl Topflappengarn in Weiß
- Garnreste in Hellgrün, Türkis, Gelb, Rot und Orange
- Häkelnadel Nr. 3,5

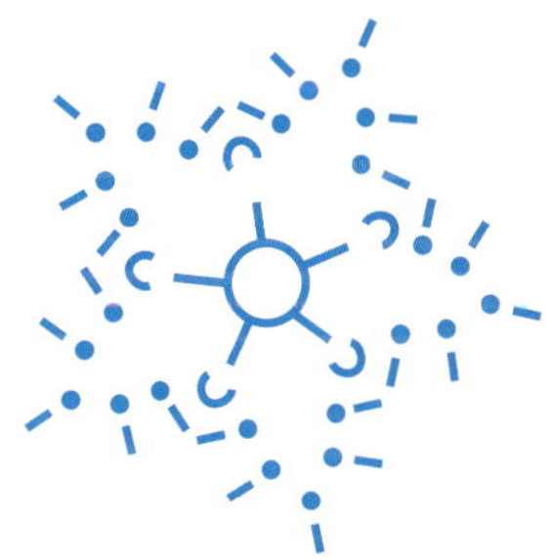

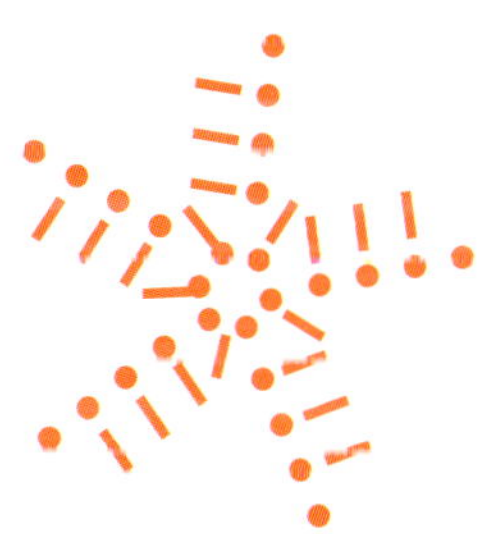

- Ö Fadenring
- • Lm
- ∩ Km
- I fM
- 0 hStb
- † Stb

Topflappen mit Satinband

Größe

ca. ∅ 24 cm

Material

Für 1 Topflappenpaar:

- 2 Knl Topflappengarn in Weiß
- Häkelnadeln Nr. 3,5 und 1,75
- 4 m Satinband in Hellblau
- Sticktwist in Blau

Ausführung (2 x arbeiten)

Siehe Häkelschrift. Einen Fadenring mit 20 Stb umhäkeln und nach Häkelschrift weiterarbeiten.

Für einen Topflappen zwei gleiche Teile arbeiten. Diese nach dem Einfädeln und Festnähen des Satinbandes mit den Rückseiten aufeinander legen und mittels einer Bogenkante zusammenhäkeln.

Für die Bogenkante * 2 fM häkeln, 1 Stb der Vorrunde überspringen und in die nächste M 4 Stb in ein Einstichloch häkeln, wieder 1 Stb der Vorrunde überspringen. Ab * bis zum Ende der Rd wiederholen.

Zum Abschluss den Topflappen mit blauem Sticktwist (4-fädig verarbeiten) und Häkel-Nd Nr. 1,75 in fM umhäkeln, dabei in jede fM der Vorrunde 1 fM arbeiten, in jedes Stb der Vorrunde 2 fM in ein Einstichloch häkeln.

Für den Aufhänger 15 Lm arbeiten und mit fM in Weiß und 1 Rd fM in blauem Sticktwist umhäkeln.

• Lm
| fM
† Stb
2 Stb in 1 Einstichstelle
4 Stb in 1 Einstichstelle

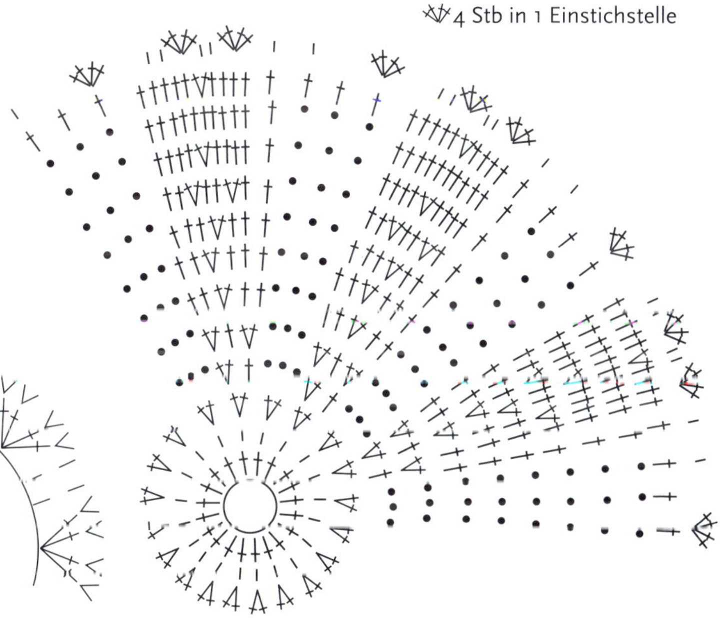

Bogenkante

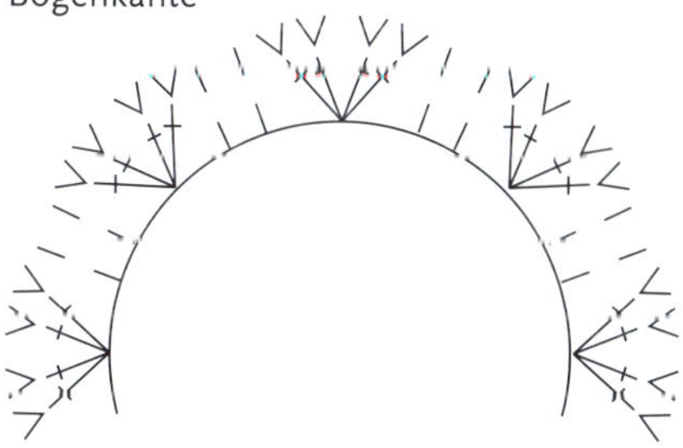

Rosette

Ausführung
Siehe auch die Häkelschriften auf Seite 30 und 32.

Vorderseite
Siehe auch Häkelschrift auf Seite 30.
1. Rd: In Rot 5 Lm mit 1 Km zum Ring schließen.
2. Rd: 8 Stb in den Lm-Ring häkeln. Dabei anstelle des 1. Stb 3 Lm arbeiten. Zwischen die Stb jeweils 2 Lm häkeln, sodass 8 Lm-Bogen entstehen, in die die Rosenblätter gearbeitet werden.
3. Rd: Für die Blütenblätter in jeden Lm-Bogen je 1 fM, 5 Stb, 1 fM häkeln.
4. Rd: * 1 fM von hinten zwischen die beiden fM der Blütenblätter aus der Vorrunde arbeiten, dann 3 Lm häkeln. Ab * 7 x wiederholen.
5. Rd: In jeden Lm-Bogen für die Blütenblätter 1 fM, 6 Stb, 1 fM häkeln.
6. Rd: Wie 4. Rd, allerdings 4 Lm zwischen die fM häkeln.
7. Rd: In jeden Lm-Bogen 1 fM, 7 Stb, 1 fM häkeln.
8. Rd: Wie 4. Rd, allerdings 5 Lm zwischen die fM häkeln.
9. Rd: In jeden Lm-Bogen 1 fM, 2 Stb, 4 Doppelstb, 2 Stb und 1 fM häkeln.
10. Rd: Dann die Rosenblätter in Grün anhäkeln. Dafür zwischen 2 Blütenblättern jeweils in die fM der Vorrunde einstechen und wie folgt häkeln: * 3 dreif Stb, 2 Lm, 2 dreif Stb, 3 Lm, 2 dreif Stb, 2 Lm, 3 dreif Stb. Dabei für das 1. dreif Stb 5 Lm arbeiten. Dann folgen 5 Lm und 1 Stb in die 6. M des nächsten Blütenblatts der Vorrunde, wieder 5 Lm häkeln und ab * stets wiederholen.
11. Rd: In Weiß häkeln. * In einen großen Lm-Bogen der Vorrunde 3 Stb, 1 Lm, 3 Stb häkeln. Dann 1 Lm und wieder 3 Stb, 1 Lm, 3 Stb in den nächsten großen Lm-Bogen arbeiten. 1 Lm häkeln und in den nächsten kleinen Bogen der Vorrunde 3 Stb arbeiten. 1 Lm häkeln und in den

Größe
ca. 21 × 21 cm

Material
Für 1 Topflappenpaar:
- 2 Knl Topflappengarn in Weiß
- 1 Knl Topflappengarn in Rot
- Garnrest in Grün
- Häkelnadel Nr. 3,5

Farbfolge Vorderseite
1.–9. Rd: Rot
10. Rd: Grün
11.–14. Rd: Weiß

Häkelschrift für die Vorderseite

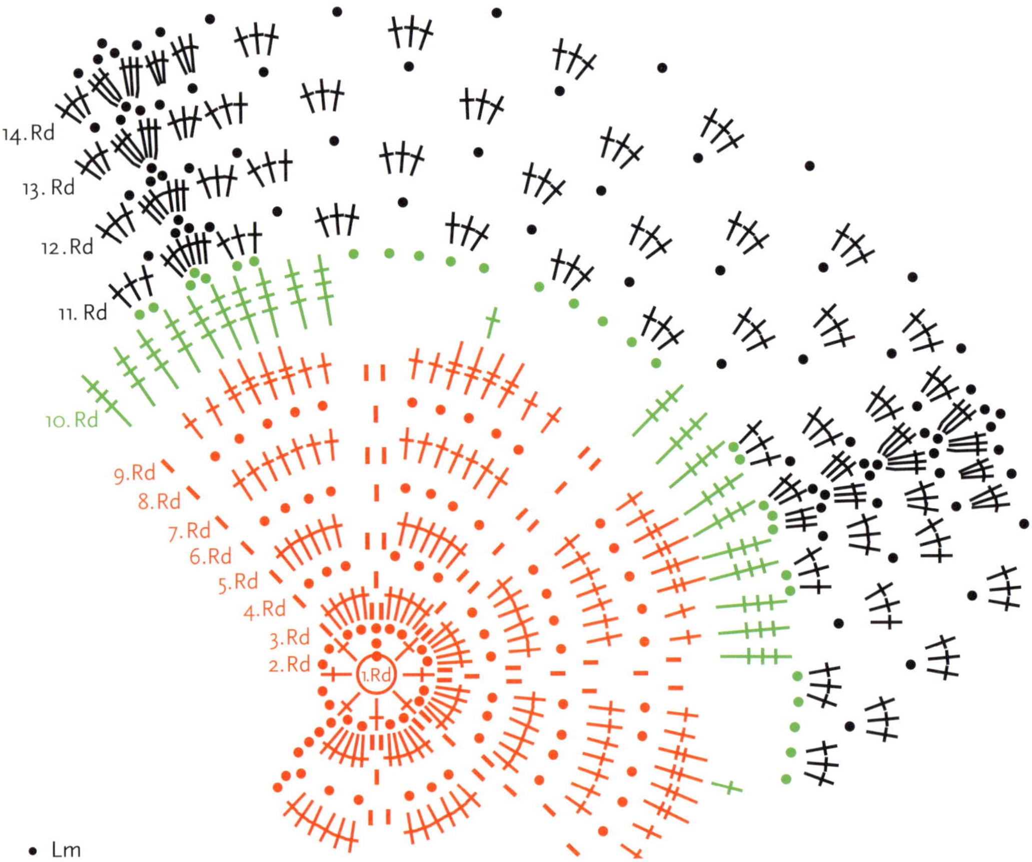

- Lm
- fM
- Stb
- Dstb
- dreifach Stb

nächsten größeren Lm-Bogen der Vorrunde zwischen die Dreifachstb (= Ecken des Topflappens) 3 Stb, 3 Lm, 3 Stb häkeln. Anschließend wieder 1 Lm und 3 Stb in den nächsten kleinen Lm-Bogen der Vorrunde arbeiten. 1 Lm häkeln und ab * wiederholen.
12. Rd: In jeden Lm-Bogen der Vorrunde 3 Stb häkeln. Zwischen diese Stb-Gruppen jeweils 1 Lm häkeln. In die Ecken 3 Stb, 3 Lm, 3 Stb arbeiten.
13. und 14. Rd: Wie 12. Rd.

Rückseite (in Weiß):
Siehe auch Häkelschrift auf Seite 32.
5 Lm mit 1 Km zum Ring schließen.
1. Rd: 3 Stb, 2 Lm, 3 Stb, 2 Lm, 3 Stb, 2 Lm, 3 Stb, 2 Lm in den Ring häkeln.
2. Rd: In die 3 Stb der Vorrunde 2 Stb arbeiten. In die 2 Lm der Vorrunde jeweils 2 Stb, 2 Lm, 2 Stb häkeln (= Ecken des Topflappens).
3. Rd: In jedes Stb der Vorrunde 1 Stb häkeln. In die beiden Lm jeweils 2 Stb, 2 Lm, 2 Stb häkeln.
4.–10. Rd: Wie 3. Rd.
Dann beide Hälften links auf links zusammenlegen und wie folgt in Rot umhäkeln:
Zwischen 2 Stb-Gruppen der Vorderseite * 1 fM, 1 Mäusezähnchen (= 4 Lm, 1 Km zurück in die 1. Lm), 1 fM in den gleichen Zwischenraum wie die 1. fM häkeln, 3 Lm; ab * wiederholen.
Für den Aufhänger an einer Ecke 12 Lm arbeiten und mit fM umhäkeln.

Häkelschrift für die Rückseite

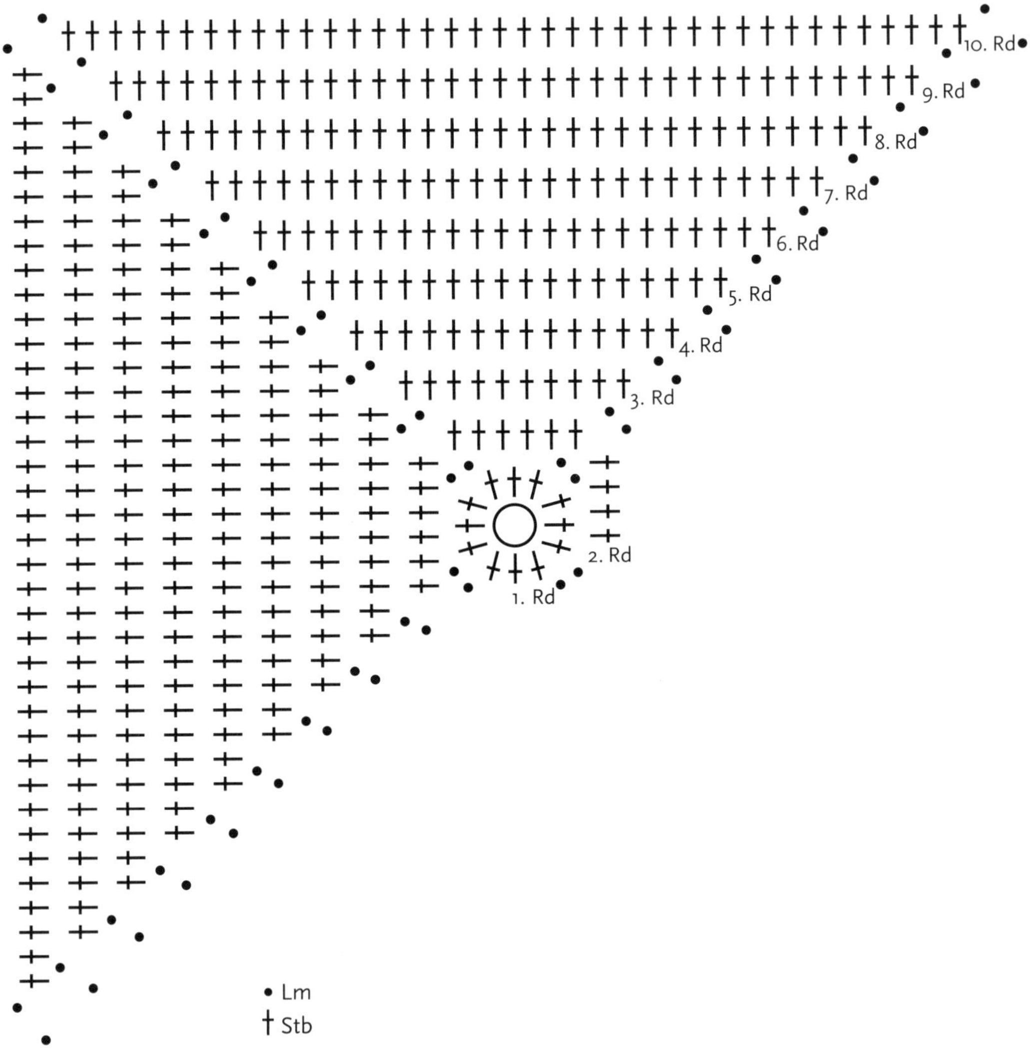

Schlaufenmuster

(Abb. auf Seite 35)

Größe

ca. ∅ 19 cm

Material

Für 1 Topflappenpaar:

- 2 Knl Topflappengarn in Weiß
- 1 Knl Topflappengarn in Pink
- Häkelnadel Nr. 3,5

Farbfolge

1.–5. Rd: Weiß
6. und 7. Rd: Pink
8.–10. Rd: Weiß
11. Rd: Pink

Ausführung

Siehe auch Häkelschriften unten und auf Seite 34.
1. Rd: 6 Lm zum Ring schließen.
2. Rd: 18 Stb in den Lm-Ring häkeln.
3. Rd: In das 1. Stb der Vorrunde einstechen und 23 Lm häkeln, dann in dasselbe Einstichloch zurückstechen und 1 fM häkeln. * Danach 1 Stb der Vorrunde überspringen und in das nächste Stb einstechen, einen Umschlag holen und die fM zur Hälfte abhäkeln, noch einmal einen Umschlag holen und die fM beenden (= „doppelte fM“).
21 Lm häkeln und danach wieder in dasselbe Einstichloch zurückstechen und 1 fM häkeln. Ab * bis zum Ende der Rd wiederholen. Zum Schließen der Rd in die 2. Lm der 1. Lm-Schlaufe einstechen und abhäkeln (insgesamt 9 Lm-Schlaufen).
4. Rd: In jede Lm der Vorrunde und in die „doppelte fM“ 1 fM häkeln. Jeweils in die 11. M jeder Lm-Schlaufe 3 fM arbeiten; diese bilden die Spitzen.

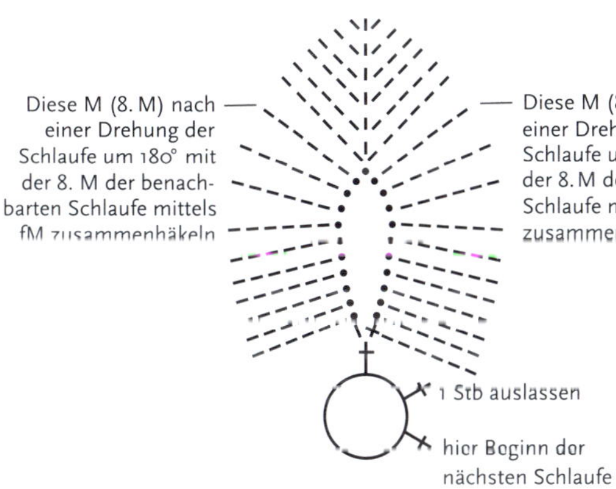

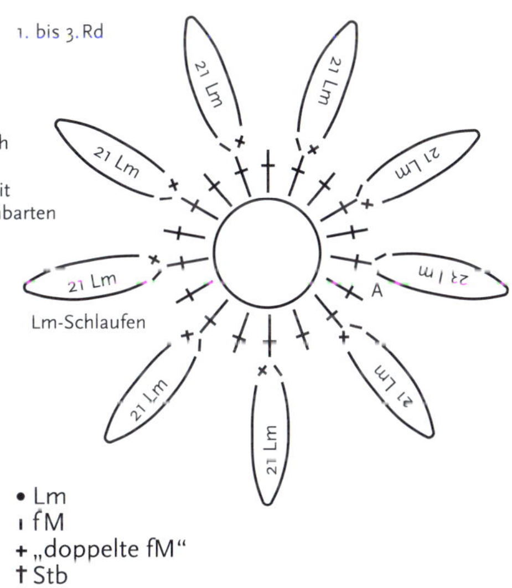

5.–9. Rd: In jede fM der Vorrunde 1 fM häkeln, in die mittlere der 3 fM an der Spitze der Schlaufen wieder 3 fM häkeln.
10. Rd: Jede Schlaufe einmal nach links drehen, sodass jetzt die Rückseite der Schlaufenspitze nach vorn zeigt. Mit fM häkeln. In die jeweils 8. M (gezählt ab der mittleren fM der 3 M an der Schlaufenspitze) einstechen und mit 1 fM immer 2 Schlaufen miteinander verbinden. Die fM jetzt nur noch über den oberen Teil der Schlaufen häkeln. In die mittlere der 3 fM an der Spitze der Vorrunde wieder 3 fM in ein Einstichloch häkeln.
11. Rd: In jede fM der Vorrunde wieder 1 fM häkeln. An der Verbindungsstelle zwischen 2 Schlaufen 1 fM der Vorrunde überspringen. In die mittlere der 3 fM an der Spitze wiederum 3 fM in ein Einstichloch arbeiten.
An die Spitze einer Schlaufe für den Aufhänger 12 Lm arbeiten und mit fM umhäkeln.

9. bis 11. Rd

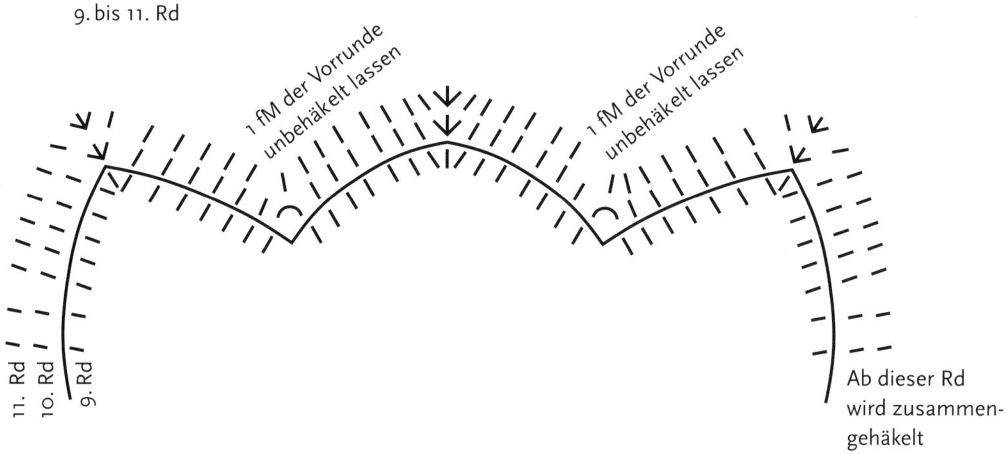

I fM
↓ 3 fM in ein Einstichloch
⌒ mittels 1 fM beide Schlaufen verbinden

Topflappen mit Sternen

Größe

ca. 20 × 20 cm

Material

Für 1 Topflappenpaar:

- 2 Knl Topflappengarn in Grün
- Garnrest in Weiß
- 4 Knl Stopfgarn in Weiß
- Häkelnadel Nr. 3,5

Ausführung (2 x arbeiten)

39 Lm und 1 Wendeluftmasche anschlagen.
1. R: * 7 Stb und 1 Lm häkeln, dabei 1 M der Vorreihe überspringen. Ab * bis zum Ende der R wiederholen. Es entstehen 5 Blöcke à 7 Stb.
2. R: * 3 Stb und 1 Lm häkeln, dabei 1 M der Vorreihe überspringen, wieder 3 Stb und 1 Lm arbeiten, dabei erneut 1 M der Vorreihe überspringen. 7 Stb und 1 Lm häkeln, dabei 1 M der Vorreihe überspringen. Ab * bis zum Ende der R wiederholen.
3. R: Wie 1. R.
4. R: Abwechselnd 1 Stb und 1 Lm häkeln, dabei immer 1 M der Vorreihe überspringen, sodass ein Netzgitter entsteht.
5. R: Wie 1. R.
6. R: * 7 Stb und 1 Lm häkeln, dabei 1 M der Vorreihe überspringen. 3 Stb und 1 Lm häkeln, dabei wieder 1 M der Vorreihe überspringen. Wieder 3 Stb und 1 Lm häkeln, dabei erneut 1 M der Vorreihe überspringen. Ab * bis zum Ende der R wiederholen.
7. R: Wie 1. R.
8. R: Wie 4. R.
9.–16. R: Wie 1.–8. R.
17.–19. R: Wie 1.–3. R.

Es entstehen in der Höhe und in der Breite jeweils 5 Blöcke mit Stb. Für einen Topflappen werden 2 Teile nach obiger Beschreibung gehäkelt. Beide Teile Ruckseite an Rückseite zusammenlegen und in Weiß mit 1 Rd fM zusammenhäkeln. Danach 1 Rd Mäusezähnchen arbeiten (siehe Seite 20). Für den Aufhänger 12 Lm arbeiten und mit fM umhäkeln.
Abschließend mit weißem Stopfgarn die Sterne aufsticken.

Runder Topflappen

Ausführung

Siehe auch nebenstehende Häkelschrift.

1. Rd: 6 Lm zum Ring schließen.

2. Rd: 20 Stb in den Luftmaschenring häkeln. Dabei anstelle des 1. Stb 3 Lm arbeiten.

3. Rd: In jedes Stb der Vorrunde 1 fM häkeln.

4. Rd: In jede fM 2 Stb in ein Einstichloch häkeln (= 40 M).

5. Rd: In jedes Stb der Vorrunde 1 fM häkeln.

6. Rd: Nur Stb häkeln. Dabei jede 2. M verdoppeln.

7. Rd: In jedes Stb der Vorrunde 1 fM häkeln.

8. Rd: Nur Stb häkeln. Dabei jede 3. M verdoppeln.

9. Rd: In jedes Stb der Vorrunde 1 fM häkeln.

10. Rd: Nur Stb häkeln. Dabei jede 4. M verdoppeln.

11. Rd: In jedes Stb der Vorrunde 1 fM häkeln.

12. Rd: * 2 braune Stb, 1 gelbes Stb, 2 gelbe Stb in ein Einstichloch, 1 gelbes Stb, 2 braune Stb häkeln. Ab * bis zum Rundenende wiederholen. Den nicht benötigten Faden der anderen Farbe dabei mitführen und umhäkeln. Beim Farbwechsel das Stb nur bis zum vorletzten Umschlag abmaschen und mit der neuen Farbe beenden.

13. Rd: In jedes Stb der Vorrunde wieder 1 Stb in derselben Farbe wie in der Vorrunde häkeln.

14. Rd: * 2 braune Stb, 2 gelbe Stb, 2 gelbe Stb in ein Einstichloch, 1 gelbes Stb häkeln. Ab * bis zum Rundenende wiederholen.

15. Rd: In jedes Stb der Vorrunde 1 Stb in derselben Farbe wie in der Vorrunde häkeln.

16. Rd: 1 Rd Mäusezähnchen häkeln (siehe Seite 20). Für den Aufhänger 12 Lm arbeiten und mit fM umhäkeln.

Größe

ca. ∅ 23 cm

Material

Für 1 Topflappenpaar:

- 2 Knl Topflappengarn in Gelb
- 1 Knl Topflappengarn in Braun
- Häkelnadel Nr. 3,5

Farbfolge

1.–9. Rd: Gelb
10. Rd: Braun
11. Rd: Gelb
12.–15. Rd: abwechselnd Gelb und Braun
16. Rd: Braun

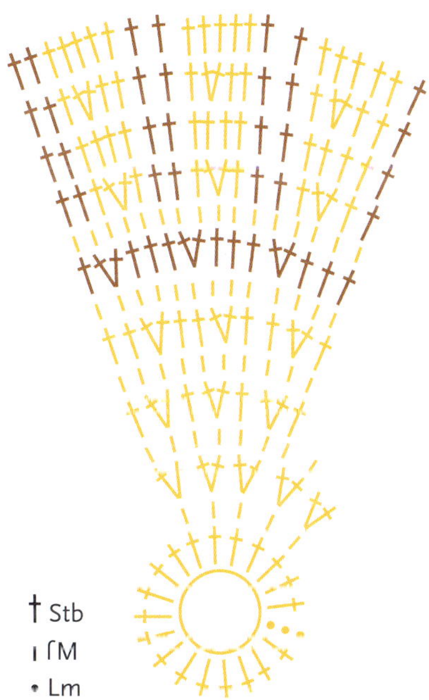

RÖSLE
18/10
ø
10,0

Herzmuster

Größe

ca. ∅ 22 cm

Material

Für 1 Topflappenpaar:

- Je 2 Knl Topflappengarn in Weiß und Rot
- Häkelnadel Nr. 3,5

Ausführung

Beim Häkeln dieses Topflappens ab der 7. Rd (Musterbeginn) die jeweils andere Farbe immer auf die Vorreihe legen und einhäkeln. Beim Übergang von einer Farbe zur anderen das letzte Stb einer Farbe nur bis zum vorletzten Umschlag abhäkeln und in der neuen Farbe beenden. Das Herzmuster und die Zunahmestellen innerhalb des Herzmusters sind in der Häkelschrift auf Seite 42 markiert.
Die 1.–3. Rd in Weiß arbeiten.
1. Rd: In einen Fadenring 20 Stb häkeln.
2. Rd: In jedes Stb 1 fM häkeln.
3. Rd: In jede fM 2 Stb häkeln.
4. Rd: Mit Rot arbeiten. In jedes Stb 1 fM häkeln.
5. Rd: Mit Weiß arbeiten. Stb häkeln und jede 2. M verdoppeln.
6. Rd: Mit Weiß arbeiten. In jedes Stb der Vorrunde 1 fM häkeln. In der 7. Rd beginnt das Herzmuster. Von nun an bis zur 12. Rd nur noch Stb häkeln.
7. Rd: Jedes 3. Stb verdoppeln.
8. Rd: Jedes 4. Stb verdoppeln.
9. Rd: In jedes Stb der Vorrunde 1 Stb häkeln.
10. Rd: Jedes 5. Stb verdoppeln.
11. Rd: Jedes 6. Stb verdoppeln. Dies ist die letzte Rd des Herzmusters.
12. Rd: Mit Weiß arbeiten, den roten Faden einhäkeln. In jedes Stb der Vorrunde 1 Stb häkeln.
13. Rd: Mit Weiß arbeiten, den roten Faden einhäkeln. Nur fM häkeln, dabei nach 25 M 1 M verdoppeln und insgesamt 5-mal, jeweils nach 23 M, 1 M verdoppeln. Zum Schluss den Topflappen in Rot mit Krebs-M (= fM von links nach rechts gehäkelt) umhäkeln. Für den Aufhänger in Rot 15 Lm mit fM umhäkeln.

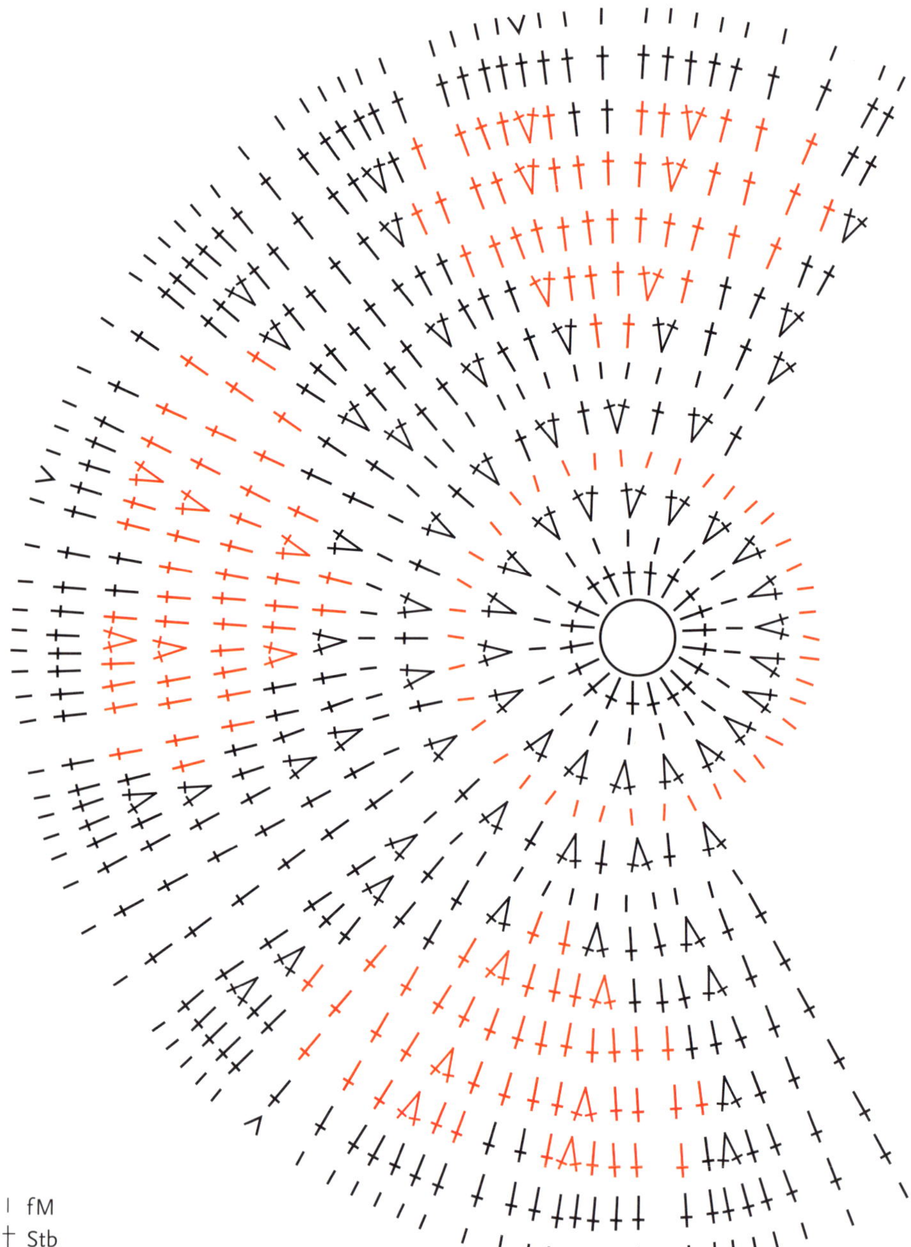

| fM
† Stb
V̈ 2 Stb in 1 Einstichstelle
V 2 fM in 1 Einstichstelle

Rose

(Abb. auf Seite 45)

Ausführung

Nach Zählmuster arbeiten. 36 Lm und 1 Wendeluftmasche anschlagen. 2 R fM in Weiß häkeln. In der 3. R mit dem Muster beginnen. Beim Arbeiten nach Zählmuster die letzte M einer Farbe nur bis zur Hälfte abhäkeln und die M in der neuen Farbe beenden. Beim Häkeln der rosa Felder den roten Faden und beim Häkeln der roten Felder den rosa Faden einhäkeln. Beim Farbwechsel zwischen den anderen Farben (von Rot zu Weiß, Grün zu Weiß, Grün zu Rot usw.) die Fäden auf der Rückseite verkreuzen. Bei längeren Übergängen (Farbänderungen über 1 M und mehr) können die verkreuzten Fäden auf der Rückseite auch mit eingehäkelt werden. Die Rückseite sieht dann sauberer aus und man sieht nicht so viele lange Fäden an den Farbübergängen. Innerhalb der weißen und grünen Felder kann auch ein Faden in jeweils der gleichen Farbe mitgeführt und umhäkelt werden. Die Häkelarbeit wird dann gleichmäßiger, da alle Felder in der gleichen Garnstärke gehäkelt werden. Es ist auch möglich, den rosa Faden innerhalb des gesamten Topflappens mitzuführen und zu umhäkeln, um eine gleichmäßige Stärke aller Farbfelder zu erreichen. Der rosa Faden schimmert dann zwar bei den weißen Feldern etwas durch, man erspart sich jedoch das Fadengewirr. Danach den Topflappen mit 1 Rd aus fM in Grün umhäkeln. Dabei ist zu beachten, dass an allen 8 Ecken jeweils in der Mitte jeder Ecke 3 fM in ein Einstichloch gehäkelt werden. In die Schrägen an den Ecken jeweils nicht mehr als 5–6 fM häkeln. Zum Schluss noch 1 Rd in Krebs-M (= fM von links nach rechts gehäkelt) arbeiten. Hierbei nur 1 Krebsmasche in jede M der Vorrunde häkeln, auch an den Ecken. Für den Aufhänger 15 Lm arbeiten und mit fM umhäkeln.

Größe

ca. 24 × 26 cm

Material

Für 1 Topflappenpaar:

- Je 2 Knl Topflappengarn in Weiß, Rot und Rosa
- 1 Knl Topflappengarn in Grün
- Häkelnadel Nr. 3,5

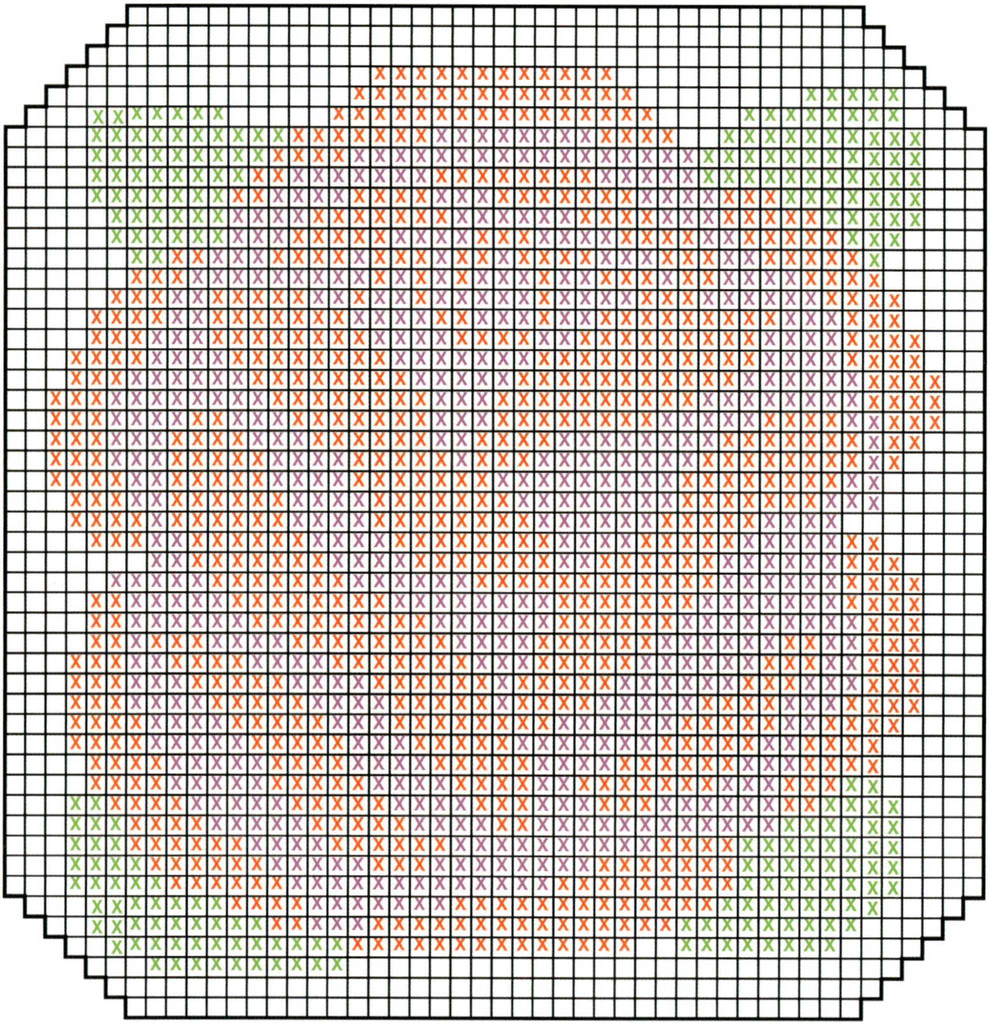

- ☐ fM in Weiß
- x fM in Grün
- x fM in Rot
- x fM in Rosa

Holländermädel und Windmühle

(Abb. Windmühle auf Seite 48)

Ausführung

47 Lm und 1 Wende-Lm anschlagen. In fM nach dem Zm weiterhäkeln und am Ende jeder R jeweils 1 Wende-Lm arbeiten. Beim Farbwechsel die letzte M der vorhergehenden Farbe nur halb abm und mit der neuen Farbe beenden, also einen Umschlag holen, diesen abhäkeln, dann in der neuen Farbe nochmals einen Umschlag holen und die fM damit beenden. Den gerade nicht genutzten Faden der anderen Farbe auf die M der Vorreihe auflegen und einhäkeln. Nach Zählmuster häkeln. Zum Schluss den Topflappen mit 1 Rd aus fM und Mäusezähnchen umhäkeln wie folgt: * 3 Lm, 1 Km in die 1. Lm, 1 fM in die nächste M; ab * wiederholen. Für den Aufhänger 12 Lm mit fM umhäkeln.

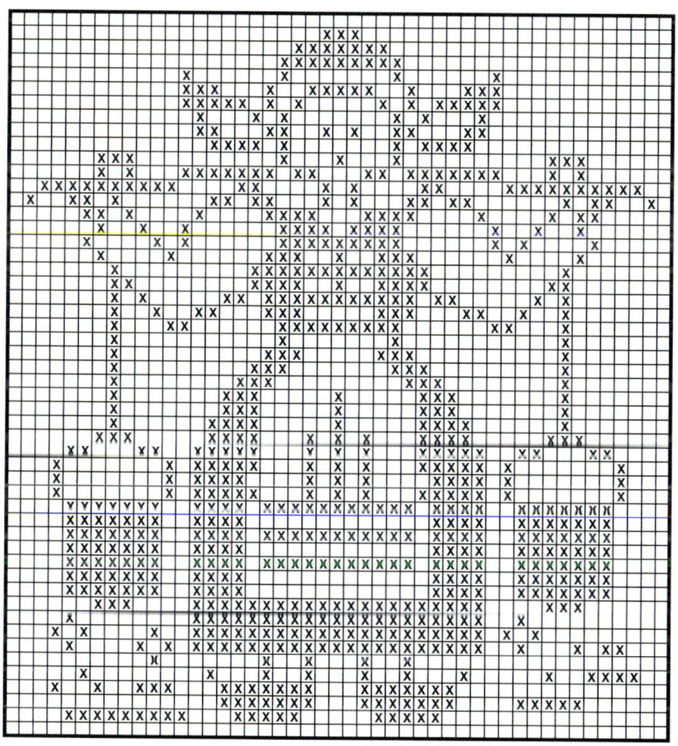

☐ fM in Weiß

x fM in Rot

HOLLÄNDERMÄDEL

Größe

ca. 28 × 24 cm

Material

Für 1 Topflappenpaar:

- Je 2 Knl Topflappengarn in Rot und Weiß
- Häkelnadel Nr. 3,5

WINDMÜHLE

Größe

ca. 28 × 24 cm

Material

Für 1 Topflappenpaar:

- Je 2 Knl Topflappengarn in Weiß und Blau
- Häkelnadel Nr. 3,5

□ fM in Weiß

x fM in Blau

Motive aus der Küche

Größe

ca. 20 × 17 cm

Material

Für 1 Topflappenpaar:

- 2 Knl Topflappengarn in Rot
- Reste von Topflappengarn in Blau und Weiß
- Reste von dünnem Baumwollgarn in Weiß und Rot
- Baumwollsticktwist in Ocker und Maigrün, alle Garne von Coats
- Häkelnadeln Nr. 3,5, 2,5 und 1,75
- Sticknadel ohne Spitze

Marmeladeglas

Ausführung

26 Lm + 3 Lm für das Rand-Stb in Rot mit Häkelnadel Nr. 3,5 anschlagen. Lt. Zm A arbeiten, beim Pfeil beginnen, in der 1. R Stb arbeiten, dabei das 1. Stb in die 5. Lm ab Nadel häkeln. Danach fM in Reihen häkeln, dabei in der 1. R die fM in das vordere (= halbe) Abmaschglied der Stb arbeiten. Die letzten 3 R in Weiß häkeln.

Die *Spitze* in Rd arbeiten. 60 Lm mit dem dicken Garn in Weiß anschlagen und dann mit 1 fM zur Rd schließen. Weiter in jede Lm 1 fM arbeiten. Nach der letzten fM die Zacken lt. Hs A anfügen, beim Pfeil beginnen. Die Zacken mit Blau überhäkeln, wie in der Hs gezeigt. Spitze um den Topflappenrand legen und zwischen der zweit- und drittletzten R des Topflappens annähen. Aus blauem Garn eine Kordel drehen, um den Rand legen, verknoten und festnähen.

Das *Etikett* mit dünnem Garn in Weiß und Häkelnadel Nr. 2,5 in fM arbeiten. 29 Lm anschlagen (= 28 M pro R). Nach 14 R das Teil nicht wenden und wie folgt umhäkeln: Abwechselnd 1 Pikot und 1 Km in den Etikettrand häkeln, dabei am Anfang der Rd für den 1. Pikot 2 Lm, 1 Km in das vordere Abmaschglied der letzten fM häkeln, danach für die Pikots jeweils 2 Lm, 1 Km in das vordere Abmaschglied der zuletzt gehäkelten Km arbeiten. Schriftzug „Erdbeere" mit dünnerem rotem Garn im Stielstich aufsticken. Etikett mit blauem Garnrest mit Vorstichen auf das Marmeladeglas nähen. Zwei Erdbeeren mit dünnerem

- ● Lm
- ∩ Km
- ❙ fM
- ∨ 2 fM in 1 Einstichstelle
- ∧ 2 fM zus abm

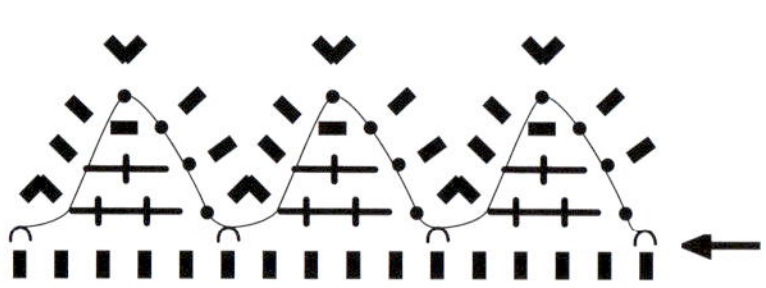

Häkelschrift A

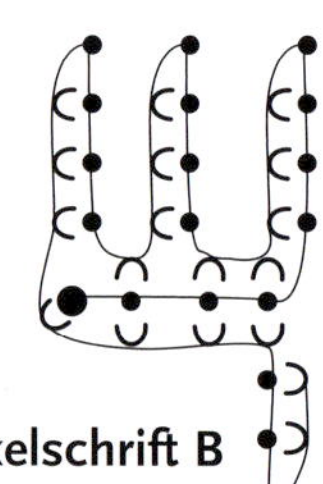

Häkelschrift B

rotem Garn und Häkelnadel Nr. 1,75 lt. Zm B arbeiten. Pünktchen mit 3-fädigem Sticktwist in Ocker aufsticken. Die Blättchen mit Sticktwist lt. Hs B arbeiten. 8 Lm anschlagen (dicker Punkt = Anfangs-Lm). Blättchen auf die Erdbeeren nähen. Erdbeeren aufnähen, siehe auch Foto. Für den Aufhänger 20 Lm anschlagen, mit 1 Km zur Rd schließen. Lm-Ring mit fM dicht umhäkeln. Aufhänger auf der Rückseite festnähen. Nach Belieben eine Kordel aus blauem Garn drehen und um die Oberkante des Topflappens häkeln (siehe Foto auf Seite 49).

Zählmuster A

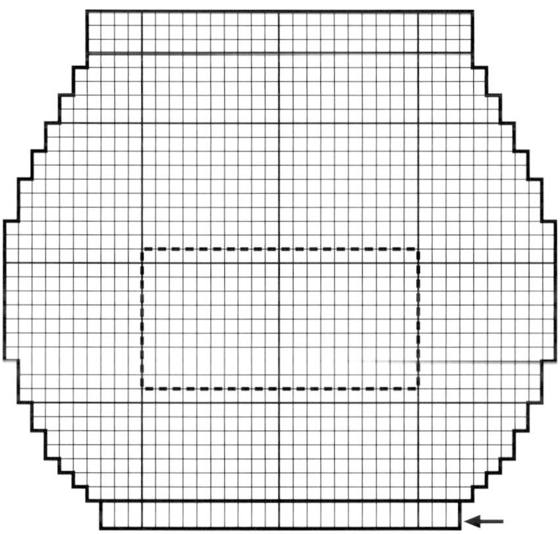

26 M

Zählmuster B

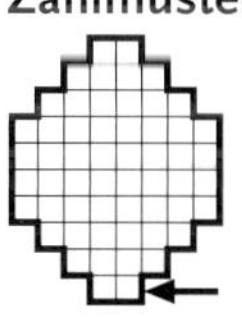

Spiegelei

Größe

ca. 20 × 16 cm

Material

Für 1 Topflappenpaar:

- 2 Knl Topflappengarn in Weiß
- 1 Knl Topflappengarn in Gelb
- Rest dünnes Baumwollhäkelgarn in Braun
- Häkelnadeln Nr. 3,5 und 2,5

Ausführung

Für das Eiweiß 5 Lm in Weiß mit Häkelnadel Nr. 3,5 anschlagen. Gemäß Zm (unten) fM in Reihen arbeiten, beim Pfeil beginnen, die 1. fM in die 2. Lm ab Nadel häkeln (= 4 fM in der 1. R). Am Ende der letzten R für den Aufhänger 15 Lm anschlagen, die Nadel aus der Schlinge nehmen, von der Vorderseite aus in den Eckpunkt einstechen, Schlinge durchholen und den Lm-Ring mit fM dicht umhäkeln. Eiweiß mit braunem Garn und Häkelnadel Nr. 2,5 umhäkeln, dabei abwechselnd in unregelmäßiger Reihenfolge Km und fM arbeiten.

Den Eidotter mit Gelb mit fM in Spiral-Rd arbeiten.

1. Rd: In einen Fadenring (siehe Seite 8) 2 Lm + 7 fM arbeiten (= 8 M).

2. Rd: 4 x jede 2. M verdoppeln, d. h. 2 fM in dieselbe M der Vor-Rd arbeiten (= 12 M).

3. Rd: 6 x jede 2. M verdoppeln (= 18 M).

4. Rd: 6 x jede 3. M verdoppeln (= 24 M).

5. Rd: 6 x jede 4. M verdoppeln (= 30 M).

6. Rd: Zuerst die 2. M verdoppeln, dann noch 5 x jede 5. M verdoppeln (= 36 M).

7. Rd: 6 x jede 6. M verdoppeln (= 42 M).

8. Rd: fM ohne Zunahmen arbeiten (= 42 M).

Damit der Dotter etwas plastisch hervortritt, als Einlage einen 2. Kreis wie beschrieben arbeiten, jedoch mit der 7. Rd enden. Zuerst den kleinen Kreis mit wenigen Stichen auf dem Eiweiß festnähen. Dann den größeren Kreis auflegen und rundum festnähen.

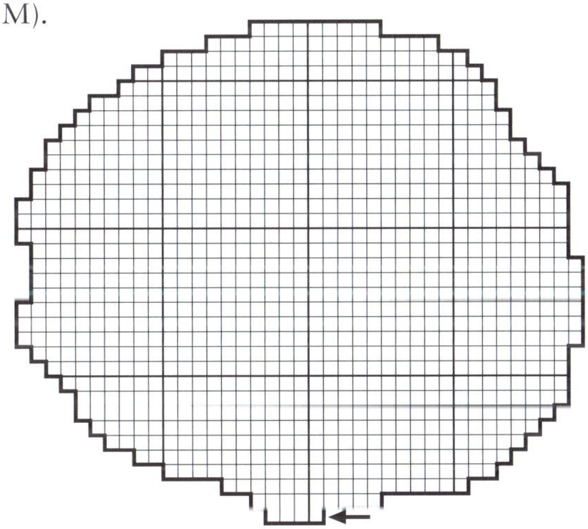

THYMIAN

Kräutertöpfchen

Größe

ca. 20 × 20 cm

Material

Für 1 Topflappenpaar:

- 2 Knl Topflappengarn in Hellblau
- 1 Knl Topflappengarn in Dunkelblau
- 1 Knl dünnes Baumwollhäkelgarn in Braun
- Garnreste in Flieder
- Baumwollsticktwist in 2 Grüntönen
- Häkelnadeln Nr. 3,5 und 1,5
- Sticknadel ohne Spitze

Ausführung

41 Lm in Dunkelblau mit Häkelnadel Nr. 3,5 anschlagen. fM in Reihen arbeiten (= 40 fM pro R). Nach der 4. R über die äußeren 4 M in Dunkelblau, über die dazwischen liegenden 32 M in Hellblau weiterarbeiten und beim Farbwechsel die letzten M bereits in der neuen Farbe abm. Nach insgesamt 36 R über die ganze Breite noch 4 R in Dunkelblau häkeln. Am Ende der letzten R für den Aufhänger 15 Lm anschlagen, die Nadel aus der Schlinge nehmen, von der Vorderseite aus in den Eckpunkt einstechen, Schlinge durchholen und den Lm-Ring mit fM dicht umhäkeln. Die Topflappenoberkante mit 1 R Km überhäkeln. Den Rand in der Mitte mit einer Steppstichlinie in Flieder besticken, die Steppstiche über jeweils 2 M bzw. 2 R arbeiten.

Das Töpfchen mit Eldorado und Häkelnadel Nr. 1,75 mit fM nach Zm A arbeiten. Für den unteren Teil 17 Lm anschlagen, beim Pfeil beginnen (= 16 fM in der 1. R). Für den oberen Rand 29 Lm anschlagen und 6 R fM nach Zm B arbeiten, dann das Rechteck mit Km umhäkeln. Den Schriftzug mit Spannstichen aufsticken, Sticktwist ganzfädig verwenden. Den oberen Rand mit Steppstichen auf den unteren Teil nähen, dabei die Steppstiche zwischen der 20. und 21. R des unteren Teils und der 1. und 2. R des Randes arbeiten.

Den Thymian lt. Foto mit ganzfädigem Sticktwist aufsticken. Zweige mit Spannstichen im dunkleren Grünton, Blättchen mit Spannstichen im helleren Grünton arbeiten. Die Blüten mit Kettenstichen in Rosa sticken.

Zählmuster A

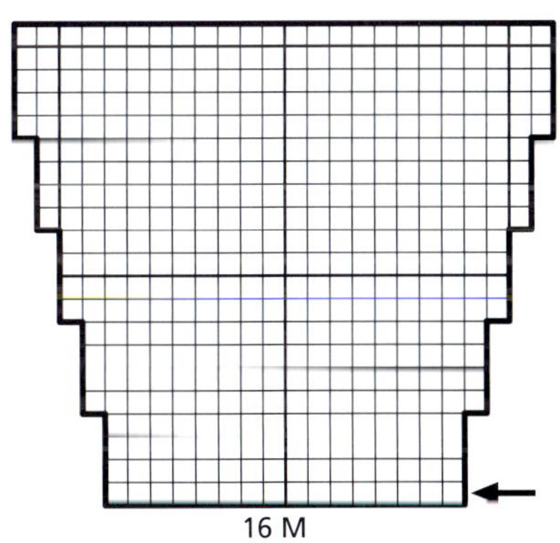

Zählmuster B

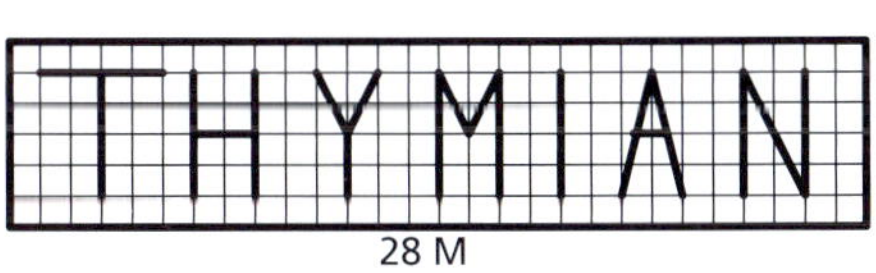

Tasse

Größe

ca. 19,5 × 16 cm

Material

Für 1 Topflappenpaar:

- 2 Knl Topflappengarn in Creme
- 1 Knl Topflappengarn in Blau
- Häkelnadel Nr. 3,5

Ausführung

21 Lm in Creme anschlagen. In fM in Jacquardtechnik nach dem Zm arbeiten, dabei den unbenutzten Faden jeweils mit dem Arbeitsfaden überhäkeln, beim Farbwechsel die letzte M einer Farbe jeweils mit der folgenden Farbe abm. Beim Pfeil beginnen (= 20 fM in der 1. R). Nach der letzten gezeichneten R noch eine R Km in Blau anfügen. Die cremefarbenen R der Tasse mit Km in Creme überhäkeln, dabei am unteren Rand eine Km-Linie zwischen der 2. und 3. R arbeiten. (Kettmaschenlinien aufhäkeln siehe Seite 9.) Für den Henkel 17 Lm in Creme anschlagen, dann 1 R fM arbeiten, dabei die 1. fM in die 2. Lm ab Nadel häkeln. In der 2. R erneut fM in die Lm des Lm-Anschlages arbeiten, dabei werden die zuvor gehäkelten fM umhäkelt, es entsteht ein dickes Band. Bandenden auf der Rückseite festnähen.

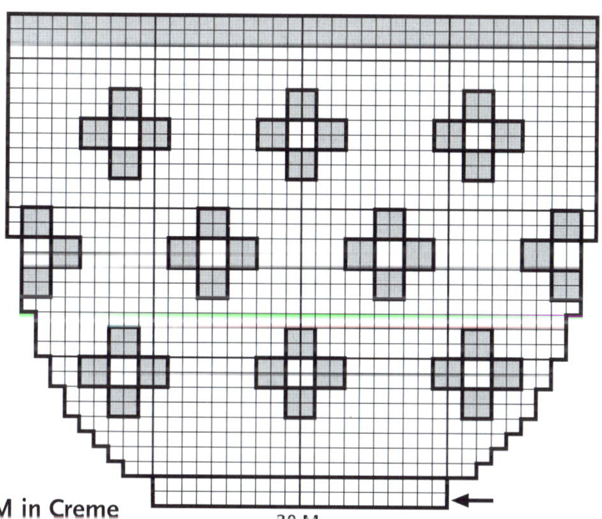

□ = fM in Creme
■ = fM in Blau

Kachel

Größe

ca. 21 × 21 cm

Material

Für 1 Topflappenpaar:

- Je 1 Knl Topflappengarn in Creme und Blau
- Häkelnadel Nr. 3,5

Ausführung

41 Lm anschlagen (= 20 Lm in Creme + 21 Lm in Blau). fM in Jacquardtechnik arbeiten, dabei den unbenutzten Faden jeweils mit dem Arbeitsfaden überhäkeln, beim Farbwechsel die letzte M einer Farbe jeweils mit der folgenden Farbe abm. Bei den R ohne Jacquardmuster beim Farbwechsel die Fäden miteinander verkreuzen. Beim Pfeil beginnen (= 40 fM pro R). In der 2. R nach der letzten cremefarbenen M den cremefarbenen Faden bis zum R-Ende mit dem blauen Faden überhäkeln (im Zm durch eine durchgezogene Linie mit Pfeil gekennzeichnet). Somit liegen für das Jacquardmuster beide Farben am R-Anfang. In der 19. und 20. R ebenso verfahren. In der 21., 22. und 39. R den blauen Faden mit dem cremefarbenen Faden überhäkeln. Nach der letzten R Teil wenden und Topflappen mit Km in der entsprechenden Farbe umhäkeln, dafür mit mehreren Knl arbeiten und nach der letzten M einer Farbe den Faden hängen lassen. Rd mit einer Km schließen. Mit einer Lm wenden und von der Rückseite aus noch 1 Rd Km häkeln, dabei in das vordere (= halbe) Abmaschglied der Vor-Rd einstechen. Am Rd-Ende für den Aufhänger 15 Lm anschlagen, Nadel aus der Schlinge nehmen, Teil wenden, auf der Vorderseite in den Eckpunkt einstechen, Schlinge durchholen und den Lm-Ring mit fM dicht umhäkeln.

☐ = fM in Creme
▩ = fM in Blau

HIER KOCHT
DER CHEF

Hier kocht der Chef

Größe

ca. 20 × 20 cm

Material

Für 1 Topflappenpaar:

- Je 1 Knl dünnes Topflappengarn (z.B. Coats Lyric 8/4) in Weiß und Schwarz
- Baumwollsticktwist in Rot
- Häkelnadel Nr. 2,5

Ausführung

55 Lm in Schwarz anschlagen. Im Jacquardmuster 2 fM in Schwarz und 2 fM in Weiß im Wechsel häkeln (= 54 fM pro R). Den jeweils unbenutzten Faden mit dem Arbeitsfaden umhäkeln und beim Farbwechsel die letzte M bereits mit der neuen Farbe abm. Nach den ersten 6 R mit 2 Knäueln in Weiß und 1 Knäuel in Schwarz arbeiten, über je 6 M an den Rändern im Jacquardmuster, die 42 M dazwischen einfarbig schwarz mit fM häkeln.
Bevor für den oberen Rand die 1. durchgehende R im Jacquardmuster gearbeitet wird, die Höhe überprüfen. Die R-Anzahl kann nur um je 4 R verändert werden, damit an den Ecken ein schwarzes Karo liegt. Nach der letzten R die obere Kante in Schwarz mit Km überhäkeln, dabei in der Seitenmitte für den Aufhänger 20 Lm anschlagen, Nadel aus der Schlinge nehmen, in die letzte Einstichstelle einstechen, Schlinge durchholen und den Lm-Ring mit fM dicht umhäkeln.
Kochmütze: Für das untere Teil 21 Lm in Weiß anschlagen und fM in Reihen häkeln (= 20 fM pro R). Insgesamt 11 R häkeln. Teil lt. Zm A mit dem Schriftzug besticken. Sticktwist ganzfädig verwenden.
Das obere Teil lt. Zm B arbeiten. 21 Lm anschlagen, beim Pfeil beginnen. Die grau getönten M in die M der vorletzten R arbeiten, dabei den Arbeitsfaden fest anziehen. Für den oberen Rand zu- bzw. abnehmen.
Kochmütze auf die Innenfläche des Topflappens nähen (siehe Foto).

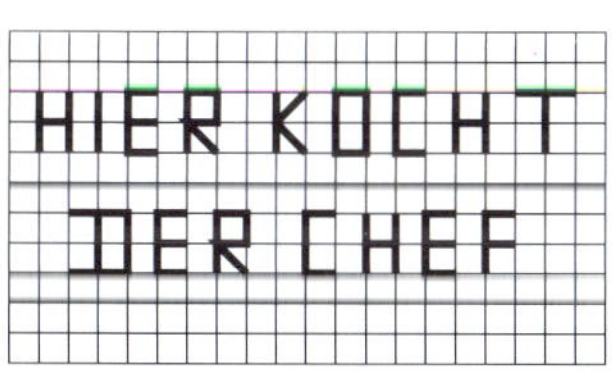

Zählmuster A

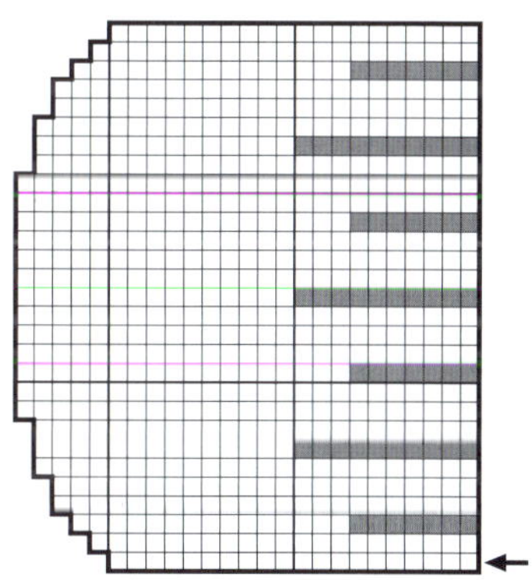

Zählmuster B

Zeitlos und praktisch

Reliefmuster

Ausführung

1. Rd: 8 Lm anschlagen und mit 1 Km zum Ring schließen.
2. Rd: 22 Stb in den Lm-Ring arbeiten.
Nun die Arbeit wenden und auf der Rückseite weiterarbeiten. Im Folgenden in R arbeiten.
3. R: Über 11 Stb der Vorrunde fM häkeln, dabei jedoch nur ins hintere Maschenglied eines jeden Stb einstechen, um das Reliefmuster zu erreichen. Über dem 6. Stb der Vorrunde 3 fM in ein Einstichloch arbeiten.
4.–50. R: Von jetzt an nur noch fM häkeln, dabei immer nur ins hintere Maschenglied einer jeden fM der Vorrunde einstechen und jeweils in die mittlere der 3 Mittel-fM an der Spitze des Topflappens immer 3 M in ein Einstichloch häkeln.
Abschließend den Topflappen in Weiß mit fM und danach mit 1 Rd Mäusezähnchen (siehe Seite 20) umhäkeln.

Variation

Sehr schön wirkt der Topflappen mit Reliefmuster auch, wenn er nur mit zwei Farben gehäkelt wird, z. B. mit Gelb und Schwarz. Häkeln Sie die 1. bis 10. R in Gelb, die 11. bis 14. R in Schwarz, die 15. bis 20. R in Gelb, die 21. bis 26. R in Schwarz, die 27. bis 34. R in Gelb, die 35. bis 42. R in Schwarz und die 43. bis 50. R in Gelb. Anschließend den Topflappen mit fM und Mäusezähnchen in Schwarz umhäkeln.

Größe

ca. 20 × 20 cm

Material

Für 1 Topflappenpaar:

- Je 2 Knl Topflappengarn in Weiß und Rot
- 1 Knl in Grün
- Häkelnadel Nr. 3,5

Farbfolge

1.–8. R: Weiß
9.–14. R: Rot
15.–20. R: Grün
21.–26. R: Weiß
27.–32. R: Rot
33.–38. R: Weiß
39.–44. R: Grün
45.–50. R: Rot

Karos

GROSSE KAROS

Grundmuster

fM in Hin- und Rück-R häkeln. Am Anfang jeder R 1 Lm häkeln und die 1. fM in die letzte fM der Vor-R arbeiten. Jede Farbfläche mit einem eigenen Knäuel arbeiten. Beim Farbwechsel die Fäden auf der Rückseite verkreuzen und die letzte Masche einer Farbe jeweils mit der folgenden Farbe abm.

Ausführung

20 Lm in Orange, dann 21 Lm in Grün anschlagen. Im Grundmuster arbeiten, in der 1. R 20 fM in Grün, 20 fM in Orange häkeln. In dieser Farbaufteilung insgesamt 22 R arbeiten. Danach über die grüne Fläche mit Pink, über die orangefarbene Fläche mit Blau weiterarbeiten. Insgesamt 22. R häkeln. Für den Aufhänger den Faden an der Außenecke der blauen Farbfläche anschlingen, 20 Lm häkeln und eine Km in die Ankettstelle arbeiten. Dann den Lm-Ring mit fM dicht umhäkeln.

KLEINE KAROS

Grundmuster

Siehe „Große Karos". Für das Jacquardmuster den unbenutzten Faden jeweils mit dem Arbeitsfaden überhäkeln, beim Farbwechsel die letzte M einer Farbe jeweils mit der folgenden Farbe abm.

Ausführung

41 Lm in Grün anschlagen. Dann im Jacquardmuster nach der Streifenfolge arbeiten. Nach 36 R für den Aufhänger 20 Lm häkeln, Nadel aus der Schlinge nehmen, von der Vorderseite aus in den Eckpunkt einstechen, Schlinge durchholen und den Lm-Ring mit fM dicht umhäkeln, danach die obere Kante mit Km überhäkeln.

Größe

Große Karos:
ca. 21 × 21 cm
Kleine Karos:
ca. 19,5 × 19,5 cm

Material

Für 1 Topflappenpaar:

- Je 1 Knl Topflappengarn in Orange, Grün, Pink und Blau
- Häkelnadel Nr. 3,5

Streifenfolge

1.–4. R: * 5 fM in Grün, 5 fM in Orange arbeiten; ab * fortlaufend wiederholen.
5.–8. R: * 5 fM in Pink, 5 fM in Blau arbeiten; ab * fortlaufend wiederholen.
Die 1.–8. R fortlaufend wdh.

Topflappenhandschuh

Größe

22 × 17,5 cm

Material

Für 1 Topflappenpaar:

- Je 1 Knl Topflappengarn in Blau und Weiß
- Häkelnadel Nr. 3,5

Farbverteilung

1 = Blau, 2 = Weiß

Ausführung

Für die Vorderseite 23 Lm in Blau anschlagen. fM nach Zm arbeiten, bei Pfeil A beginnen. Ab der 31. R zunächst die Handfläche arbeiten. Dann den Faden bei Pfeil B neu anschlingen und für den Daumen noch 10 R anfügen. Die Rückseite ebenso arbeiten.

Anschließend Vorder- und Rückseite mit Km dicht am Rand entlang überhäkeln, dabei darauf achten, dass bei beiden Teilen mit der gleichen M-Anzahl überhäkelt wird. Beide Teile passgenau übereinanderlegen und mit Km zusammenhäkeln, dabei jeweils die außen liegenden Abmaschglieder beider Teile erfassen.

Fur den Aufhanger den Faden am Außenrand anschlingen, 20 Lm häkeln, Nadel aus der Schlinge nehmen, in die Ankettstelle einstechen, Schlinge durchholen und die Lm mit fM dicht umhäkeln.

Tipp: Zum Zusammenhäkeln evtl. eine dünnere Häkelnadel (= Nadel Nr. 3,0) verwenden. Damit lassen sich die Abmaschglieder leichter erfassen.

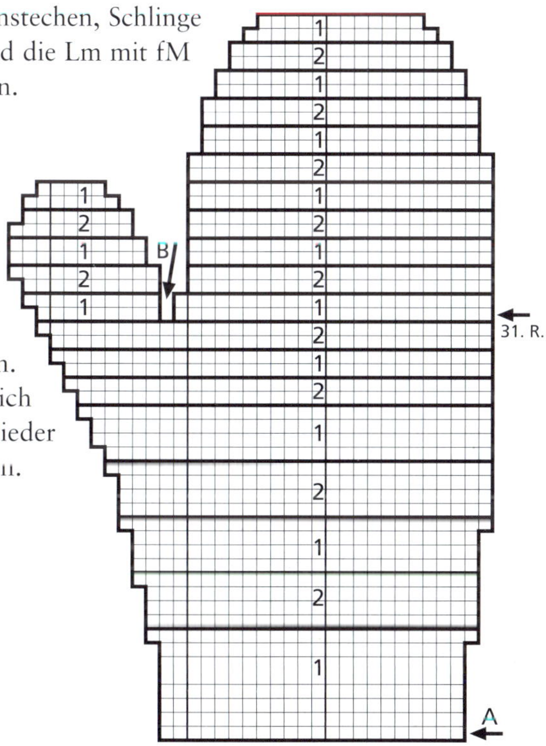

Topflappen in tunesischer Häkelei

GESTREIFTER TOPFLAPPEN

Ausführung

34 Lm in Hellblau anschlagen, im einfachen tunesischen Häkelstich in der Streifenfolge arbeiten. Danach die M mit Hellgrün abketten (siehe Seite 71).

Umrandung

Die folgenden 3 Seiten mit Km überhäkeln, die Rd mit Km schließen.

Dann mit 1 Lm wenden und von der Rückseite aus noch 1 Rd Km häkeln, dabei jeweils nur in das vordere (= halbe) Abmaschglied der Vor-Rd einstechen. Am Rd-Ende für den Aufhänger 15 Lm anschlagen, die Nadel aus der Schlinge nehmen, von der Vorderseite aus in den Eckpunkt einstechen, Schlinge durchholen und den Lm-Ring mit fM dicht umhäkeln.

MELIERTER TOPFLAPPEN

Ausführung

34 Lm in Hellblau anschlagen, im einfachen tunesischen Häkelstich arbeiten, die 1. Hin-R in Hellblau arbeiten. Dann abwechselnd eine Rück- und eine Hin-R in Hellgrün sowie eine Rück- und eine Hin-R in Hellblau arbeiten. In 19 cm Höhe (= nach ca. 32 R) die M mit Hellblau abketten (siehe Seite 71). Umrandung siehe „Gestreifter Topflappen".

GRÜNER TOPFLAPPEN

Ausführung

38 Lm anschlagen, im versetzten tunesischen Kreuzstich arbeiten. In 19 cm Höhe (= nach ca. 26 R) die M abketten (siehe Seite 71). Umrandung siehe „Gestreifter Topflappen".

Größe

ca. 20 × 20 cm

Material

Für 1 Topflappenpaar:

- Je 1 Knl Topflappengarn in Hellblau und Hellgrün (uni: 2 Knl in der gleichen Farbe)
- Tunesische Häkelnadel Nr. 4,5

Streifenfolge

(Gestreifter Topflappen) 11 R in Hellblau, * 1 R in Hellgrün, 1 R in Hellblau, ab * insgesamt 5 x arbeiten, 11 R in Hellgrün.

Lehrgang tunesische Häkelei

Allgemeines zur tunesischen Häkelei

Bei dieser Häkeltechnik liegen während des Häkelns mehrere Schlingen auf der Nadel. Aus diesem Grund benötigt man spezielle Häkelnadeln, die länger sind als übliche Häkelnadeln und deren Schaft gleichmäßig stark ist. Im Allgemeinen sind tunesische Häkelnadeln in den Stärken 2 bis 5 im Fachhandel erhältlich. Bei der tunesischen Häkelei wird immer auf der rechten Seite gearbeitet, d.h., es wird nicht gewendet. Jede R besteht aus einer Hin- und einer Rück-R. In der Hin-R werden die Schlingen von rechts nach links aufgefasst, in der Rück-R von links nach rechts abgemascht.

Einfacher tunesischer Häkelstich

Die Basis bildet eine Lm-Kette, die nicht zu fest gehäkelt werden darf.

1. Reihe:

Hin-R: In die 2. Lm ab Nadel einstechen und Schlinge (Schl) durchholen (Abb. A), Schl auf der Häkelnadel lassen. Aus jeder folgenden Lm des Lm-Anschlages 1 Schl durchholen (Abb. B).

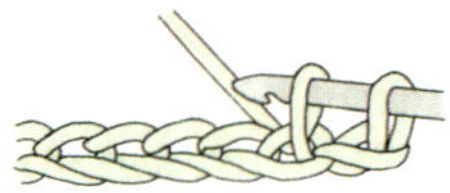

Abb. A

Abb. B

Rück-R: 1 Umschlag auf die Nadel nehmen und durch eine einzelne Schl ziehen (Abb. C), dann * 1 Umschlag auf die Nadel nehmen und durch 2 Schl ziehen (Abb. D). Ab * fortlaufend wiederholen, bis nur noch 1 Schl auf der Nadel liegt (Abb. E).

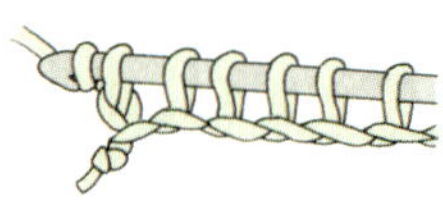

Abb. C

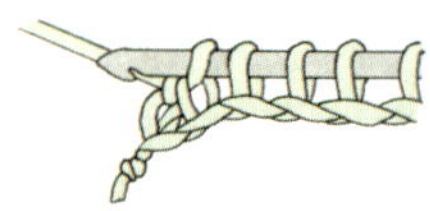

Abb. D

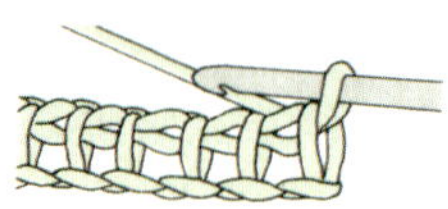

Abb. E

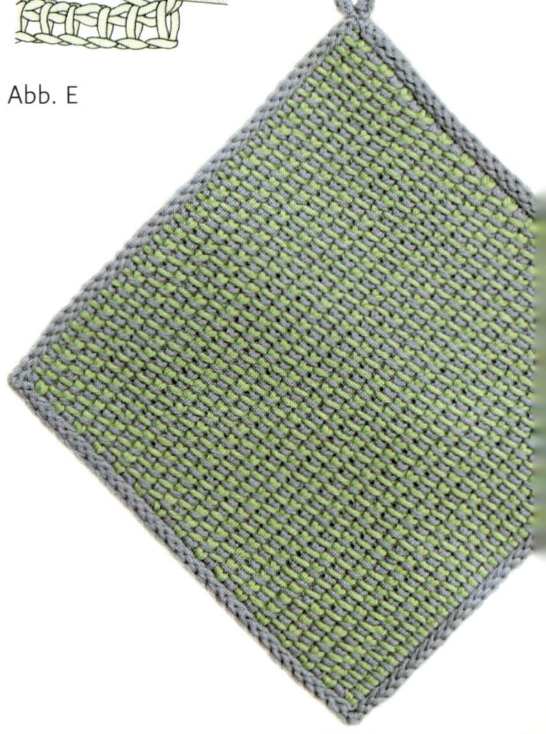

2. Reihe:

Hin-R: Aus den senkrecht liegenden Maschendrähten jeweils 1 Schl auffassen (Abb. F). Aus dem 1. senkrecht liegenden Maschendraht am Rand wird keine Schl aufgefasst. Die auf der Nadel liegende Schl zählt als 1. Schl.

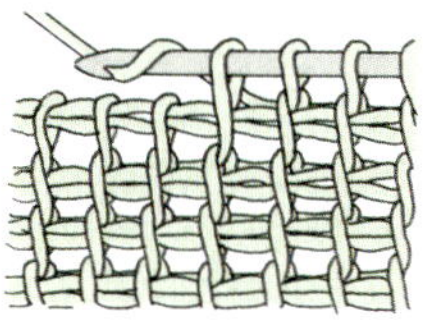

Abb. F

Rück-R: Die Schl. wie bei der 1. Rück-R beschrieben abm.
Die 2. R fortlaufend wiederholen.

Abketten

Ist eine Arbeit beendet, werden die Schl der letzten R abgekettet. Dafür in jeden senkrecht liegenden Maschendraht von rechts nach links einstechen, einen Umschlag auf die Nadel nehmen und in einem Zug durch den senkrecht liegenden Maschendraht und die auf der Nadel liegende Schl ziehen.

Tunesischer Kreuzstich, versetzt

Die Basis bildet eine Lm-Kette, die nicht zu fest gehäkelt werden darf.

1. Reihe:

Wie beim einfachen, tunesischen Häkelstich beschrieben arbeiten.

2. Reihe:

Hin-R: Den 1. senkrecht liegenden Maschendraht am Rand übergehen, dann die Maschendrähte verkreuzen, dafür fortlaufend aus dem folgenden 2. senkrecht liegenden Maschendraht 1 Schl durchholen, dann aus dem übergangenen Maschendraht 1 Schl durchholen. Am R-Ende aus dem letzten senkrecht liegenden Maschendraht noch 1 Schl durchholen.

Rück-R: Wie beim einfachen tunesischen Häkelstich beschrieben arbeiten.

3. Reihe:

Hin-R: Den 1. senkrecht liegenden Maschendraht am Rand übergehen, aus dem folgenden Maschendraht 1 Schl durchholen, dann mit dem Verkreuzen beginnen.

Rück-R: Wie beim einfachen tunesischen Häkelstich beschrieben arbeiten.

Die 2. und 3. R fortlaufend wiederholen.

Abketten

Siehe einfacher tunesischer Häkelstich.

Waffelmuster

Größe

ca. 18 × 18 cm

Material

Für 1 Topflappenpaar:

- Je 2 Knl Topflappengarn in Weiß und Türkis
- Häkelnadel Nr. 3,5

Ausführung

Siehe auch Zählmuster auf Seite 74. Die Farbfolge ist dort vermerkt.
1. R: 45 Lm anschlagen (= 42 Lm + 3 Wende-Lm).
2. R: 42 Stb häkeln.
Ab 3. R mit dem Waffelmuster beginnen: Das 1. und letzte Stb jeder R wie üblich häkeln. Ab dem 2. Stb abwechselnd 2 Relief-Stb und 2 normale Stb häkeln. Die nächsten R genauso arbeiten, allerdings die Stb immer versetzen.
Für die Relief-Stb bei dem Stb der Vorreihe nicht wie sonst oben einstechen, sondern mit der Häkelnadel vorn rechts einstechen, die Nadel hinter dem Stb entlangführen, um vorn links wieder herauszukommen, also um den Hals des Stb arbeiten.
Beim Farbwechsel das letzte Stb einer Farbe nur bis zur Hälfte abhäkeln, den Faden der alten Farbe vor die Arbeit legen und das Stb in der neuen Farbe beenden. Die Fäden auf der Rückseite verkreuzen. Vor dem Häkeln des 1. Stb in der neuen Farbe den Faden der alten Farbe nach oben und hinten legen und so mit einhäkeln, dass ein sauberer Übergang beim Farbwechsel entsteht.
Zum Schluss den Topflappen mit 1 Rd fM in Weiß und einer Bogenkante umhäkeln.
Bogenkante (siehe Hs Seite 74): In jede 4. fM wie folgt häkeln: 1 fM, 1 hStb, 3 Stb, 1 hStb, 1 fM in 1 Einstichstelle. An den Ecken in die mittlere der 3 fM einen Bogen häkeln. Für den Aufhänger 12 Lm arbeiten und mit fM umhäkeln.

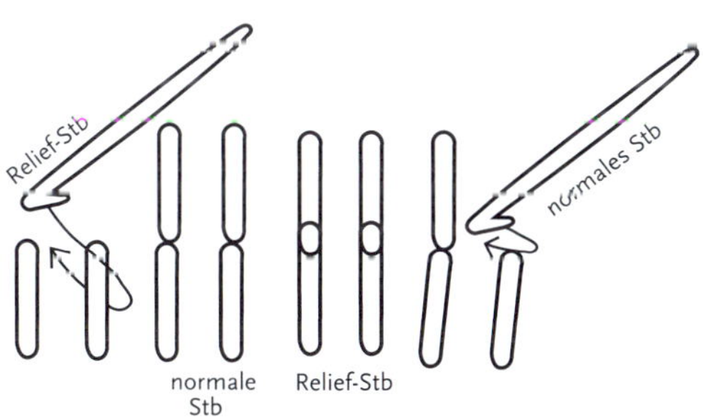

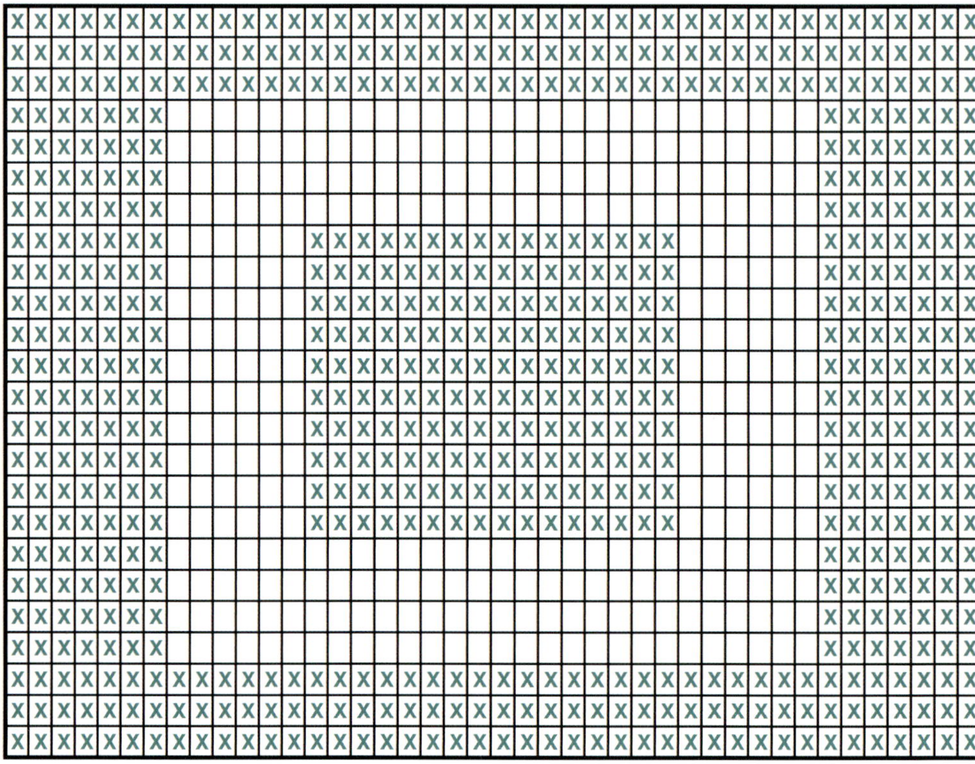

□ Stb in Weiß

x Stb in Türkis

† Stb

0 hStb

I fM

Kreisel

(Abb. auf Seite 77)

Größe

ca. ∅ 22 cm

Material

Für 1 Topflappenpaar:

- Je 2 Knl Topflappengarn in Weiß und Türkis
- Häkelnadel Nr. 3,5

Ausführung

1. Rd: Einen Lm-Ring aus 6 Lm mit 12 fM in Türkis umhäkeln und mit 1 Km schließen.

2. Rd: Von jetzt an nicht in abgeschlossenen Rd, sondern spiralförmig fortlaufend häkeln. Immer im Wechsel mit Türkis und Weiß häkeln, dabei die gerade nicht benötigte Farbe überhäkeln. Mit Türkis beginnen. 2 fM in jede M der Vorrunde häkeln, dabei immer 2 fM in Türkis, 2 fM in Weiß häkeln (= 24 M). Vor dem Farbwechsel immer die letzte M der vorhergehenden Farbe vollständig in dieser Farbe beenden und erst bei der nächsten M mit der neuen Farbe beginnen.

3. Rd: In jede M der Vorrunde 1 fM häkeln. Mit 3 fM in Türkis beginnen, dann immer 2 fM in jeder Farbe häkeln. Die Rd mit 3 fM in Weiß beenden. Die letzten beiden M bilden bereits den Übergang zur nächsten Rd.

4. Rd: Jede 2. M der Vorrunde verdoppeln. In dieser Rd abwechselnd immer 3 fM in jeder Farbe häkeln. Mit 4 fM in Weiß enden. Bei der 3. M des letzten weißen Spiralsegments 2 fM in ein Einstichloch häkeln.

5. Rd: Jede 3. M der Vorrunde verdoppeln. Abwechselnd immer 4 M in jeder Farbe häkeln. Mit 5 fM in Weiß enden. Bei der 4. M des letzten weißen Spiralsegments 2 fM in ein Einstichloch häkeln.

6. Rd: Jede 4. M der Vorrunde verdoppeln. Abwechselnd immer 5 M in jeder Farbe häkeln. Mit 5 fM in Weiß enden. Im letzten weißen Spiralsegment in jede M der Vorrunde 1 fM in Weiß häkeln.

7. Rd: In jede M der Vorrunde 1 fM häkeln. Abwechselnd immer 5 M in jeder Farbe arbeiten. Mit 6 fM in Weiß enden. Bei der 5. M des letzten weißen Spiralsegments 2 fM in ein Einstichloch häkeln.

8. Rd: Jede 5. M der Vorrunde verdoppeln. Abwechselnd immer 6 M in jeder Farbe häkeln. Mit 6 fM in Weiß

enden. Dabei in jede M des letzten weißen Spiralsegments 1 fM in Weiß häkeln.
9. Rd: In jede M der Vorrunde 1 fM häkeln. Abwechselnd immer 6 M in jeder Farbe häkeln. Mit 7 fM in Weiß enden. Bei der 6. M des letzten weißen Spiralsegments 2 M in ein Einstichloch häkeln.
10. Rd: Jede 6. M der Vorrunde verdoppeln. Abwechselnd immer 7 M in jeder Farbe häkeln. Mit 8 fM in Weiß enden. Bei der 7. M des letzten weißen Spiralsegments 2 M in ein Einstichloch häkeln.
11. Rd: Jede 7. M der Vorrunde verdoppeln. Abwechselnd immer 8 M in jeder Farbe häkeln. Mit 8 fM in Weiß enden. Dabei in jede M des letzten weißen Spiralsegments 1 fM häkeln.
12. Rd: In jede M der Vorrunde 1 fM häkeln. Abwechselnd immer 8 M in jeder Farbe arbeiten. Mit 9 fM in Weiß enden. Bei der 8. M des letzten weißen Spiralsegments 2 fM in ein Einstichloch häkeln.
13. Rd: Jede 8. M der Vorrunde verdoppeln. Abwechselnd immer 9 M in jeder Farbe häkeln. Mit 10 fM in Weiß enden. Bei der 9. M des letzten weißen Spiralsegments 2 fM in ein Einstichloch häkeln.
14. Rd: Jede 9. M der Vorrunde verdoppeln. Abwechselnd immer 10 M in jeder Farbe häkeln. Mit 10 fM in Weiß enden. Dabei in jede M des letzten weißen Spiralsegments 1 M häkeln.
15.–17. Rd: In jede M der Vorrunde 1 fM häkeln. Abwechselnd immer 10 M in jeder Farbe arbeiten. Die Spiralrunden beenden.
18. Rd: In Türkis 1 Rd aus fM und 1 Rd aus Mäusezähnchen (siehe Seite 20) häkeln. Für den Aufhänger 12 Lm anschlagen und mit fM umhäkeln.

Quadrate

Größe

23 × 23 cm

Material

Für 1 Topflappenpaar:

- Je 2 Knl Topflappengarn in Weiß und Hellgrün
- Je 1 Knl in Rosa und Türkis
- Häkelnadel Nr. 3,5

Ausführung

Siehe Zählmuster. Die Farbfolge ist dort vermerkt.
43 Lm und 1 Wendeluftmasche anschlagen. Dann nach Zählmuster weiterhäkeln. Beim Häkeln des äußeren weißen und hellgrünen Abschnittes den Faden in der jeweils anderen Farbe mit einhäkeln. Ebenso beim Arbeiten des weißen und rosa Abschnittes verfahren. Beim türkisfarbenen Abschnitt und beim Übergang vom hellgrünen zum inneren weißen Abschnitt die Fäden beim Farbwechsel überkreuzen.
Zum Schluss den Topflappen mit 1 Rd aus fM und 1 Rd Mäusezähnchen (siehe Seite 20) in Türkis umhäkeln. Für den Aufhänger 12 Lm arbeiten und mit fM umhäkeln.

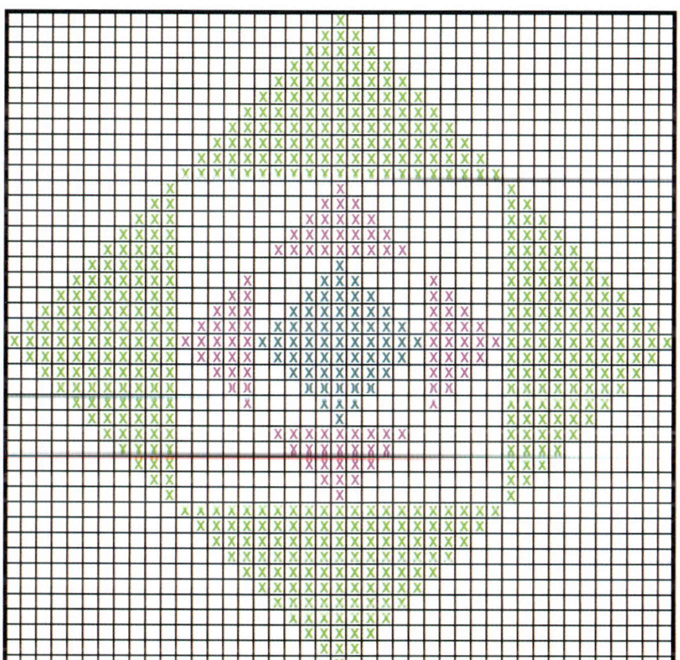

x fM in Hellgrün
x fM in Rosa
x fM in Türkis
□ fM in Weiß

Die „Superdicken“

Größe

ca. 21 × 21 cm

Material

Für 1 Topflappenpaar:

- 3 Knl Topflappengarn in Lila bzw. Zyklam
- Häkelnadel Nr. 3,5

Grundmuster

Lt. Zm fM in Hin- und Rück-R arbeiten. In der 1. R die 1. fM in die 2. Lm ab Nadel häkeln. Für den Rippeneffekt ab der 2. R die fM jeweils nur in das hintere (= halbe) Abmaschglied der Vor-R arbeiten. Am Anfang jeder R 1 Wende- Lm häkeln, die 1. fM in die letzte M der Vor-R arbeiten. Die plastischen Stb lt. Zeichenerklärung arbeiten.

Ausführung

43 Lm anschlagen. Im Grundmuster arbeiten, beim Pfeil mit einer Rück-R beginnen (= 42 fM pro R). In den ersten 3 R nur fM arbeiten, die plastischen Stb werden ab der 4. R in jeder Hin-R gearbeitet. Die dick gezeichneten waagerechten Striche kennzeichnen die halben Abmaschglieder der fM (= Einstichstellen für die Stb).

Zickzackstreifen

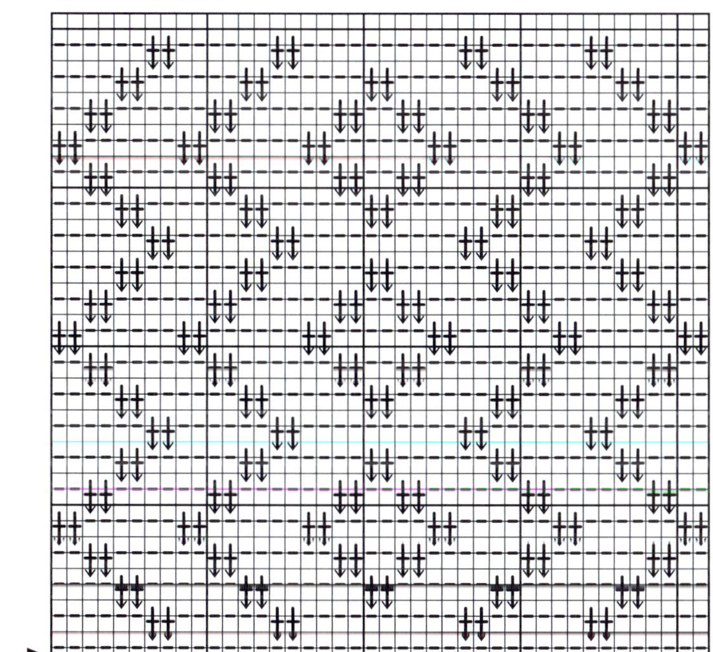

42 M

□ = 1 fM, ab der 2. R nur in das hintere (= halbe) Abmaschglied der Vor-R.

⇊ = 1 fM und 1 Stb zus abm, d. h. in die fM der Vor-R einstechen, Schlinge durchholen, für das Stb 1 Umschlag auf die Nadel nehmen, von oben nach unten in das darunterliegende halbe Abmaschglied einstechen, Schlinge durchholen und nach oben ziehen, dann nacheinander zuerst 2 Schlingen, dann 3 Schlingen abm.

Schrägstreifen

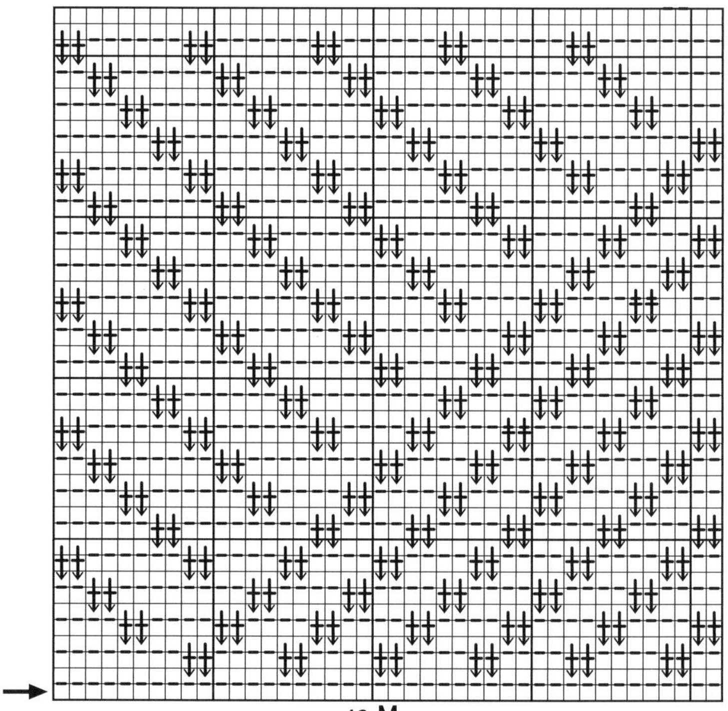

42 M

Nach der letzten R das Teil wenden und den Topflappen mit Km überhäkeln, bei den Stb an den Seitenkanten die Km hinter den Stb arbeiten. An den Ecken jeweils 1 Lm häkeln. Rd mit 1 Km schließen. Dann für den Aufhänger 15 Lm anschlagen, die Nadel aus der Schlinge nehmen, in die 1. Lm einstechen, Schlinge durchholen und den Lm-Ring mit fM dicht umhäkeln.

Kinderleicht

(Abb. auf Seite 85, rechts)

Größe

ca. 20 × 19 cm

Material

Für 1 Topflappenpaar:

- Je 1 Knl Topflappengarn in Orange, Gelb und Türkis
- Häkelnadel Nr. 3,5

BLOCKSTREIFEN

Ausführung

41 Lm in Orange anschlagen. Im Grundmuster (= fM in Reihen) arbeiten, beim Pfeil beginnen, die 1. fM in die 2. Lm ab Nadel häkeln (= 40 fM pro R). Am Ende der letzten R (= Hin-R) für den Aufhänger 15 Lm anschlagen, die Nadel aus der Schlinge nehmen, von der Vorderseite aus in die zuletzt gehäkelte fM einstechen, Schlinge durchholen und den Lm-Ring mit fM dicht umhäkeln.

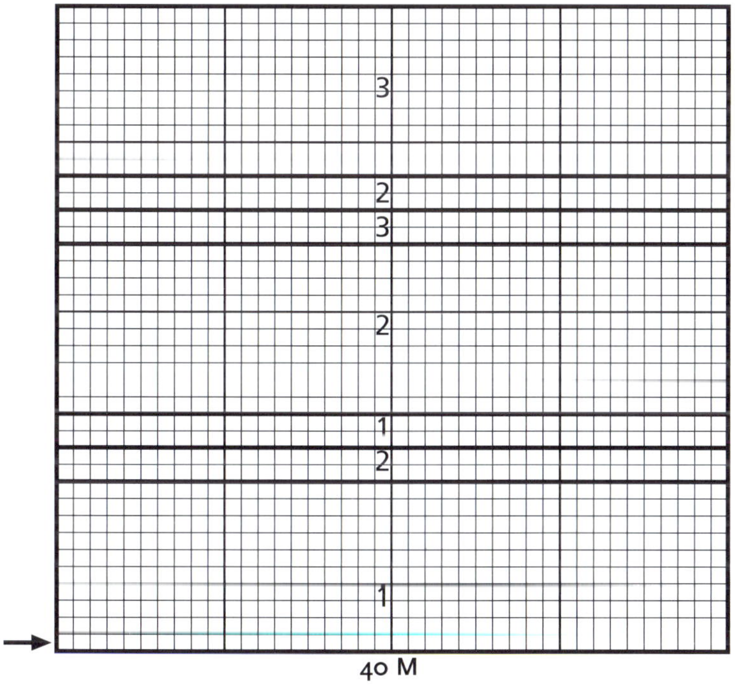

Streifen

1 = Orange

2 = Gelb

3 = Türkis

Größe

ca. 20 × 19 cm

Material

Für 1 Topflappenpaar:

- Je 1 Knl Topflappengarn in Orange, Gelb, Türkis und Grün
- Häkelnadel Nr. 3,5

Streifenfolge

* 1 R Stb in Orange, 1 R fM in Grün, 1 R Stb in Gelb, 1 R fM in Türkis, ab * fortlaufend wiederholen.

SCHMALE STREIFEN

(Abb. auf Seite 85, links)

Ausführung

43 Lm in Orange anschlagen. Dann im Grundmuster (= 1 Hin-R Stb und 1 Rück-R fM im Wechsel; siehe Hs) in der Streifenfolge arbeiten, dabei in der 1. R das 1. Stb in die 4. Lm ab Nadel häkeln. Am Anfang und Ende der R den Faden ca. 10 cm lang hängen lassen. In 19 cm Höhe mit einer Hin-R Stb in Orange enden. Nach dem letzten Stb für den Aufhänger 15 Lm anschlagen, die Nadel aus der Schlinge nehmen, von der Vorderseite aus in das zuletzt gehäkelte Stb einstechen, Schlinge durchholen und den Lm-Ring mit fM dicht umhäkeln.
Den Anfangsfaden vernähen, dann an den Rändern jeweils 2 Fäden zu einem Knoten verschlingen, den Knoten dicht an die Rand-M schieben, fest anziehen, Fadenenden abschneiden.

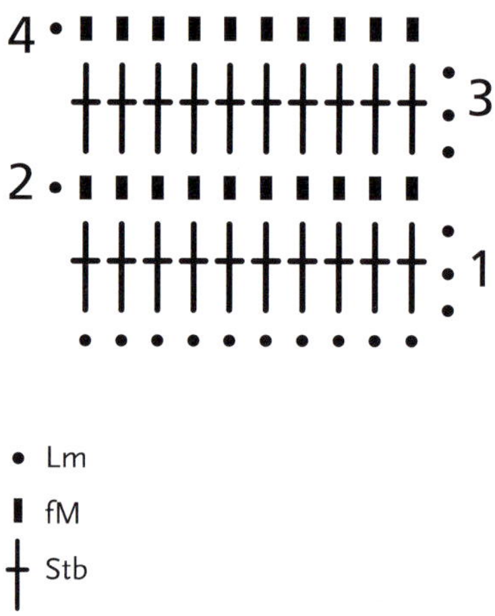

Ringelmuster

Kreis

Im Grundmuster nach der Streifenfolge arbeiten, mit Weiß beginnen. Die 1.–18. Rd wie beim Modell „Katze" (Seite 91) beschrieben arbeiten.
19. Rd: 6 x jede 18. M verdoppeln (= 114 M). Nach der 19. Rd für den Aufhänger 20 Lm häkeln und die 20. Rd anfügen. **20. Rd:** Die 10. M verdoppeln, dann noch 5 x jede 19. M verdoppeln (= 120 M). Nach der 20. Rd den Lm-Ring für den Aufhänger mit fM dicht umhäkeln.

Quadrat

Lt. Hs im Grundmuster nach der Streifenfolge arbeiten, mit Weiß beginnen. In der 1. Rd in einen Fadenring (siehe Seite 8) 2 Lm, 7 fM arbeiten = 8 M. Ab der 2. Rd die Zunahmen an den Ecken lt. Hs ausführen. Die Hs zeigt die ersten 5 Rd. Danach die Zunahmen entsprechend fortsetzen. Nach der 20. Rd in Rot enden. Für den Aufhänger an einer Ecke neu anketten, 20 Lm häkeln, dann Nadel aus der Schlinge nehmen, in die Ankettstelle einstechen, Schlinge durchholen und die Lm mit fM dicht umhäkeln.

Sechseck

In fM nach der Streifenfolge arbeiten, mit Weiß beginnen.
1. Rd: In einen Fadenring 2 Lm + 5 fM arbeiten (= 6 M).
2. Rd: 6 x jede M verdoppeln (= 12 M).
3. Rd: 6 x jede 2. M verdoppeln (= 18 M).
4. Rd: 6 x jede 3. M verdoppeln (= 24 M).
5. Rd: 6 x jede 4. M verdoppeln (= 30 M).
6. Rd: Zuerst die 4. M verdoppeln, dann noch 5 x jede 5. M verdoppeln (= 36 M).
Ab der 7. Rd die Zunahmestellen weiterhin über den Zunahmestellen der Vor-Rd arbeiten, dabei die Zunahmestellen in den ungeraden Rd in die hintere M, in den geraden Rd in die vordere M der Zunahmestelle arbeiten. Nach der 24. Rd (= 144 M) in Blau enden. Den Aufhänger wie beim Quadrat beschrieben arbeiten.

Material

Für 1 Topflappenpaar:
- Je 1 Knl Topflappengarn in Weiß und in einer Kontrastfarbe
- Häkelnadel Nr. 3,5

○ Fadenring
• Lm
⌒ Km
▮ fM
3 fM in 1 Einstichstelle

Quadrat

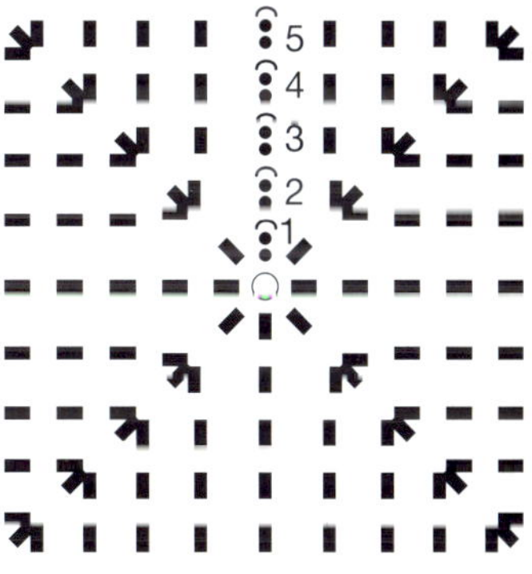

Strukturmuster

TOPFLAPPEN IN TÜRKIS

Ausführung

51 Lm anschlagen und lt. Hs arbeiten. Nach der 1. R die 2. und 3. R fortlaufend wdh. In 20 cm Höhe für den Aufhänger 20 Lm häkeln, anketten und den Lm-Ring mit fM dicht umhäkeln.

TOPFLAPPEN IN GRÜN

Ausführung

Lt. Hs arbeiten mit dem Aufhänger beginnen. Dafür 15 Lm anschlagen, mit einer Km zur Rd schließen. Nach einer Lm den Lm-Ring mit 20 fM umhäkeln. Anschließend in Hin- und Rück-R weiterarbeiten, dabei in der 2. R die fM mit Pfeil in dieselbe fM der 1. Rd arbeiten. Ab der 3. R für die Zunahmen 1 fM, 2 Lm, 1 fM um die Lm der Vor-R häkeln. Die Hs zeigt die ersten 5 R, danach im gleichen Rhythmus weiterarbeiten und an der Diagonalen zunehmen. Bei einer Größe von ca. 20 x 20 cm enden.

TOPFLAPPEN IN GELBGRÜN

Ausführung

Für diesen Topflappen werden 4 Quadrate gehäkelt und zusammengenäht. Pro Quadrat 23 Lm anschlagen und im Grundmuster arbeiten (= 22 fM pro R). Nach 18 R, bzw. wenn das Teil quadratisch ist, enden. Die 4 Quadrate so aneinander nähen, dass die Rippen jeweils im rechten Winkel zueinander verlaufen. Für den Aufhänger den Faden an einer Ecke anschlingen, 20 Lm häkeln, dann die Nadel aus der Schlinge nehmen, in die Ankettstelle einstechen und die Schlinge durchholen. 1 Lm häkeln und den Lm-Ring mit fM dicht umhäkeln.

Topflappen in Türkis

Größe

20 × 20 cm

Material

Für 1 Topflappenpaar:

- 2 Knl Topflappengarn in Türkis, Grün oder Gelbgrün
- Häkelnadel Nr. 3,5

- ● Lm
- ⌒ Km
- ▮ fM
- 3 fM in 1 Einstichstelle

Topflappen in Grün

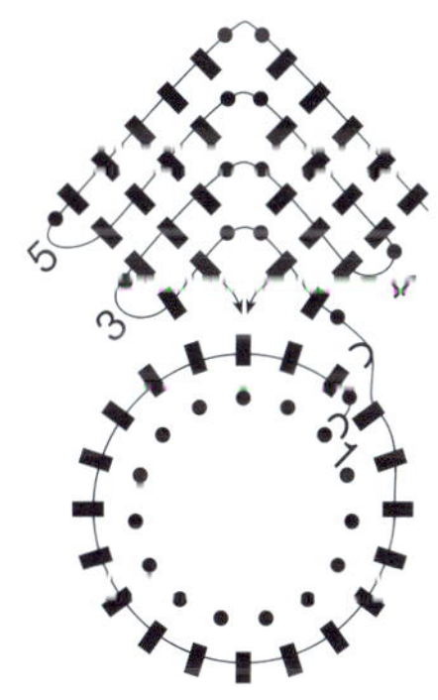

Alle meine Tiere

Katz' und Maus

KATZE

Ausführung

Den Kopf mit fM im Spiralmuster arbeiten.
1. Rd: In einen Fadenring 2 Lm + 7 fM arbeiten (= 8 M).
2. Rd: 4 x jede 2. M verdoppeln (= 12 M).
3. Rd: 6 x jede 2. M verdoppeln (= 18 M).
4. Rd: 6 x jede 3. M verdoppeln (= 24 M).
5. Rd: 6 x jede 4. M verdoppeln (= 30 M).
6. Rd: Zuerst die 2. M verdoppeln, dann noch 5 x jede 5. M verdoppeln (= 36 M).
7. Rd: 6 x jede 6. M verdoppeln (= 42 M).
8. Rd: Zuerst die 3. M verdoppeln, dann noch 5 x jede 7. M verdoppeln (= 48 M).
9. Rd: 6 x jede 8. M verdoppeln (= 54 M).
10. Rd: Zuerst die 4. M verdoppeln, dann noch 5 x jede 9. M verdoppeln (= 60 M).
11. Rd: 6 x jede 10. M verdoppeln (= 66 M).
12. Rd: Zuerst die 5. M verdoppeln, dann noch 5 x jede 11. M verdoppeln (= 72 M).
13. Rd: 6 x jede 12. M verdoppeln (= 78 M).
14. Rd: Zuerst die 6. M verdoppeln, dann noch 5 x jede 13. M verdoppeln (= 84 M).
15. Rd: 6 x jede 14. M verdoppeln (= 90 M).
16. Rd: Zuerst die 7. M verdoppeln, dann noch 5 x jede 15. M verdoppeln (= 96 M).
17. Rd: 6 x jede 16. M verdoppeln (= 102 M).
18. Rd: Zuerst die 8. M verdoppeln, dann noch 5 x jede 17. M verdoppeln (= 108 M).
19. Rd: 6 x jede 18. M verdoppeln (= 114 M).
Bei der letzten Zunahmestelle zwischen den beiden fM für den Aufhänger 15 Lm häkeln und die 20. Rd anfügen.
20. Rd: Zuerst die 9. M verdoppeln, dann noch 5 x jede 19. M verdoppeln (= 120 M).
Nach der 20. Rd den Lm-Ring für den Aufhänger mit fM dicht umhäkeln.

Größe

ca. 20 cm ∅

Material

Für 1 Topflappenpaar:

- 2 Knl Topflappengarn in Creme
- Baumwollsticktwist in Schwarz und Weiß
- Häkelnadeln Nr. 3,5 und 1, 75
- Sticknadel ohne Spitze

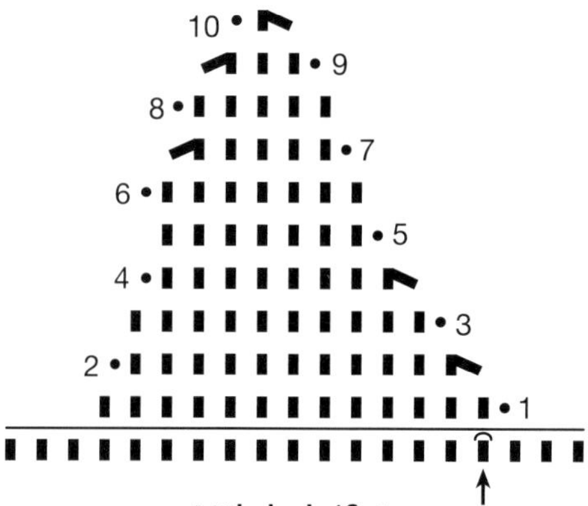

Häkelschrift A

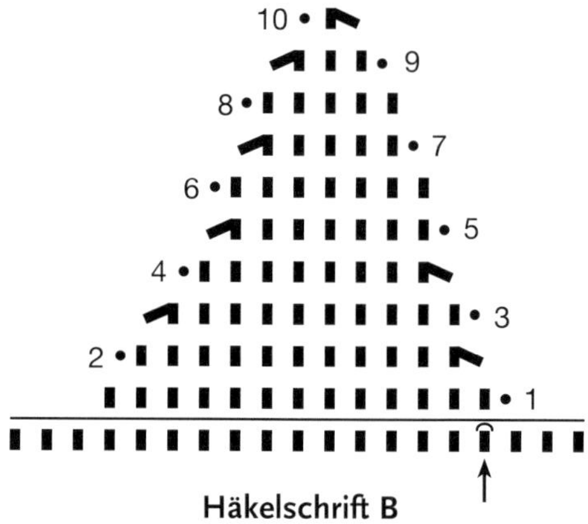

Häkelschrift B

- • Lm
- ⌒ Km
- ▮ fM
- 2 fM zus abm

Die Ohren lt. Hs in Hin- und Rück-R arbeiten. Unterhalb der Linie sind einige M der 20. Rd gezeichnet. Für das linke Ohr der Katze den Faden an die 22. M vor dem Aufhänger anschlingen, Ohr lt. Hs A arbeiten. Für das rechte Ohr der Katze den Faden an die 10. M nach dem Aufhänger anschlingen, Ohr lt. Hs B arbeiten.

Die Augen mit schwarzem Sticktwist und Nadel Nr. 1,75 häkeln. In einen Fadenring 25 Dstb häkeln, davon das 1. Dstb durch 4 Lm ersetzen, Rd mit 1 Km schließen. Mit weißem Sticktwist in einen Fadenring 10 hStb arbeiten, davon das 1. hStb durch 2 Lm ersetzen.

Die Nase mit doppeltem Sticktwistfaden in Schwarz und Nadel Nr. 2,5 arbeiten. 6 Lm anschlagen, 1 fM in die 2. Lm ab Nadel häkeln, in die folgende Lm 1 hStb, in die nächste Lm [1 Stb, 1 Lm, 1 Dstb, 1 Lm, 1 Stb], in die folgende Lm 1 hStb, in die letzte Lm 1 fM arbeiten. Augen und Nase aufnähen.

Barthaare und Mund lt. Abb. mit schwarzem Sticktwist in Stielstich aufsticken.

MAUS

Den Kopf in Grau arbeiten, wie bei der Katze beschrieben (siehe Seite 91).
Die Ohren lt. Hs auf Seite 94 arbeiten. Mit Rosa beginnen (dick gezeichneter Punkt = Anfangs-Lm). 6 Lm anschlagen, die 1. fM in die 2. Lm ab Nadel häkeln. Nach der 7. R die seitlichen Ränder und den unteren Rand der dünnen Linie folgend umhäkeln. Anschließend mit Grau beim Pfeil neu anketten und noch 3 R arbeiten. Die Ohren zwischen der 9. und 19. M unter die letzte Rd vom Kopf nähen.
Die Augen mit schwarzem Sticktwist und Nadel Nr. 1,75 häkeln. In einen Fadenring (siehe Seite 6) 30 dreifach Stb arbeiten, davon das 1. dreifach Stb durch 5 Lm ersetzen. Mit weißem Sticktwist in einen Fadenring 10 hStb arbeiten, davon das 1. hStb durch 2 Lm ersetzen. Für die Nase

Größe

ca. 20 cm ∅

Material

Für 1 Topflappenpaar:

- 2 Knl Topflappengarn in Grau
- 1 Knl Topflappengarn in Rosa
- Baumwollsticktwist in Schwarz und Weiß
- Häkelnadeln Nr. 3,5 und 1, 75
- Sticknadel ohne Spitze

mit schwarzem Sticktwist in einen Fadenring 20 Stb arbeiten, davon das 1. Stb durch 3 Lm ersetzen.
Augen und Nase aufnähen. Barthaare und Mund lt. Abb. mit schwarzem Sticktwist in Stielstich aufsticken.

Variante

Nach demselben Prinzip lassen sich auch viele weitere Tiere als Topflappen häkeln. Mit leichten Abwandlungen wird die Maus zum Teddybären, aber auch ein Hund mit Schlappohren oder ein Osterhase sieht sehr niedlich aus. Weitere Beispiele finden Sie auf Seite 100 (Pandabär), auf Seite 108 (Hühnchen) und auf Seite 115 (Schweinchen).

Mäuseohr

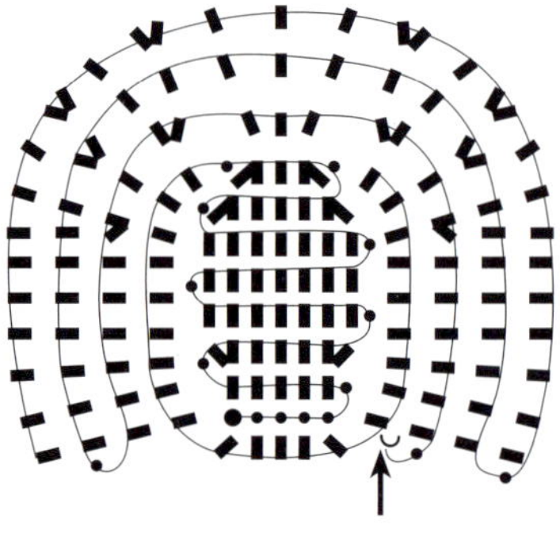

- ● Lm
- ⌒ Km
- ▮ fM
- ∨ 2 fM in 1 Einstichstelle
- ∧ 2 fM zus abm

Schmetterling

(Abb. auf Seite 97)

Größe

25 × 18 cm

Material

Für 1 Topflappenpaar:

- 2 Knl Topflappengarn in Gelb
- Je 1 Knl Topflappengarn in Orange und Rot
- Häkelnadel Nr. 3,5

Ausführung

Lt. Zm im Grundmuster arbeiten. 5 Lm in Gelb anschlagen, bei Pfeil A beginnen (= 4 fM in der 1. R). Nach 6 R das Teil stilllegen. Den rechten Flügel bei Pfeil B beginnen. Mit der 7. R die beiden Teile miteinander verbinden, dafür zwischen den beiden Teilen 1 fM mit Fußschlinge arbeiten (siehe Seite 8). Nach der 26. R zuerst die rechte Flügelhälfte beenden. Dann den Faden bei Pfeil C neu anketten und die linke Hälfte häkeln. Schmetterling mit Km umhäkeln. In der oberen Mitte beginnen und den linken oberen Flügel überhäkeln, fortlaufend entlang der grau eingezeichneten Trennungslinie zwischen den beiden Flügeln eine Km-Linie auf den Schmetterlingskörper häkeln. Kettmaschenlinien aufhäkeln, siehe Seite 9. Im Anschluss den rechten oberen Flügel mit Km überhäkeln. Bei Pfeil D für den Aufhänger 15 Lm häkeln, Nadel aus der Schlinge nehmen, in die letzte Einstichstelle einstechen, Schlinge durchholen und die Lm mit fM dicht umhäkeln. Die unteren Flügel mit Km überhäkeln.
Für die Kreise fM in Rd arbeiten, dabei am Anfang jeder Rd die 1. fM durch 2 Lm ersetzen, Rd mit einer Km in die 2. Ersatz-Lm schließen. Beim Farbwechsel die letzte M bereits mit der folgenden Farbe abm. Die 1. und 2. Rd in Rot, die 3. und 4. Rd in Orange arbeiten, dabei in der 3. Rd die fM in das hintere (= halbe) Abmaschglied der Vor-Rd häkeln.

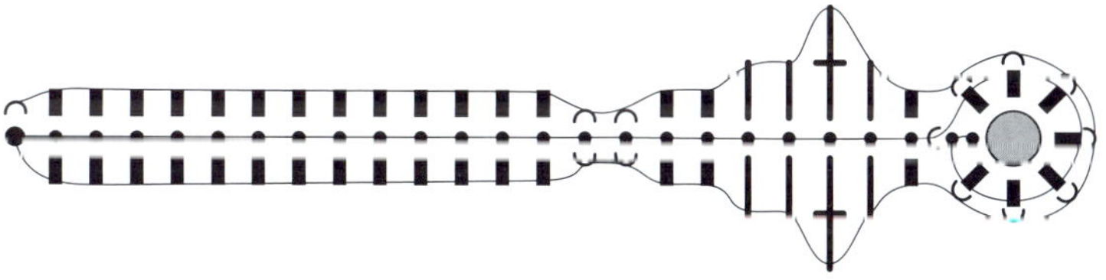

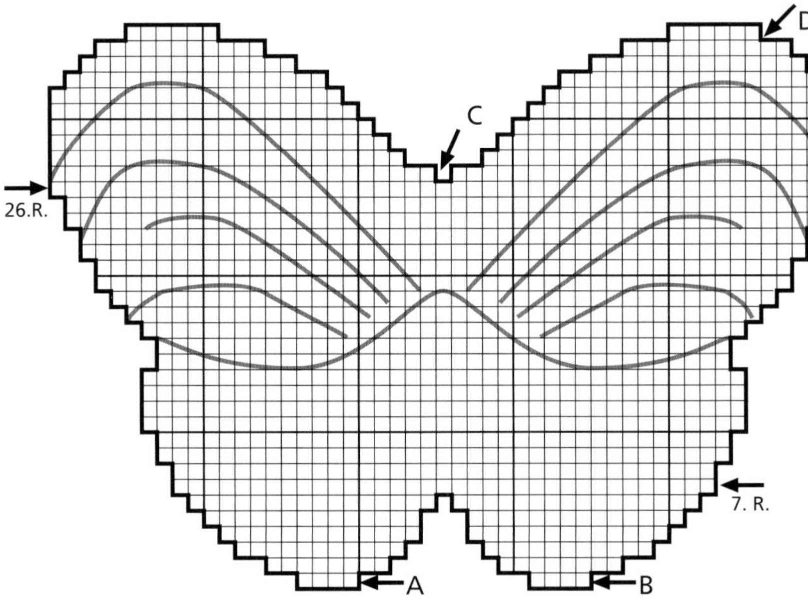

1. Rd: In einen Fadenring 2 Lm + 11 fM arbeiten (= 12 M).
2. Rd: 6 x jede 2. M verdoppeln (= 18 M).
3. Rd: 6 x jede 3. M verdoppeln (= 24 M).
4. Rd: 6 x jede 4. M verdoppeln (= 30 M).
Den Schmetterlingskörper lt. Hs arbeiten. In einen Fadenring 2 Lm + 7 fM arbeiten, dann der dünnen Linie folgend weiterhäkeln.
Körper und Kreise aufnähen. Km-Linien lt. Foto bzw. Zm in Orange und Rot aufhäkeln.

Marienkäfer

Größe

ca. 20 cm ∅

Material

Für 1 Topflappenpaar:

- 2 Knl Topflappengarn in Rot
- 1 Knl Topflappengarn in Schwarz
- 1 Knl dünnes Baumwollhäkelgarn in Schwarz
- Häkelnadeln Nr. 3,5 und 2,5

Ausführung

Den Körper in Rot mit Häkelnadel Nr. 3,5 häkeln, wie bei der Katze (Seite 91) beschrieben. Nach der 20. Rd mit 1 Km enden.

Den Kopf mit schwarzem Topflappengarn lt. Hs A arbeiten. In eine M des Körpers einstechen (siehe Pfeil A) und den Faden durchholen. Unterhalb der waagerechten Linie sind fM der letzten Rd des Körpers gezeichnet. Den Kopf in Hin- und Rück-R arbeiten, dabei mit 3 Lm beginnen. Nach der 7. R den Faden abschneiden. Bei Pfeil B den Faden neu anketten und den Kopf umhäkeln, dabei die Fühler und den Aufhänger lt. Hs arbeiten. Nach den 5 Lm für den Aufhänger die Nadel aus der Schlinge nehmen, in den Eckpunkt vor dem 1. Fühler einstechen, Schlinge durchholen, dann lt. Hs fortfahren, mit 1 Km in eine fM der letzten Rd des Körpers enden.

Das untere dreieckige Teil lt. Hs B mit dünnerem schwarzem Garn und Häkelnadel Nr. 2,5 arbeiten. 21 Lm anschlagen, in Hin- und Rück-R fM arbeiten, dabei in der 1. R die 1. fM in die 2. Lm ab Nadel häkeln (= 20 fM nach der 1. R). Nach der letzten R das Teil mit fM umhäkeln, dann für die Mittellinie noch ca. 42 Lm anschlagen. 7 Punkte mit dem dünneren schwarzen Garn mit fM wie beim Körper arbeiten, jedoch jeweils mit der 3. Rd enden. Nach der 3. Rd noch 1 Rd Km anfügen. Lt. Foto das untere Teil mit Mittellinie – Mittellinie evtl. in der Länge anpassen – sowie die Kreise aufnähen.

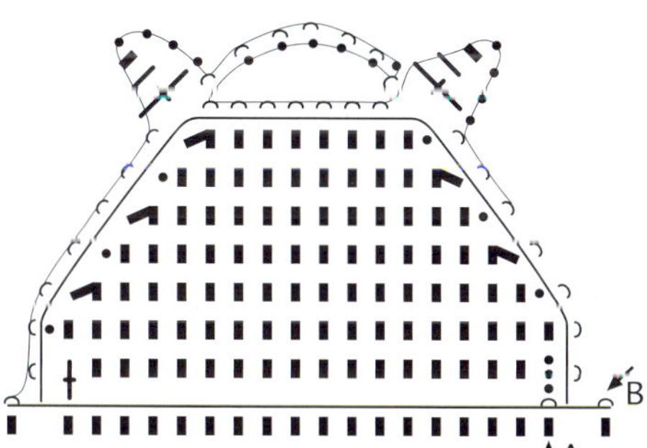

Häkelschrift A

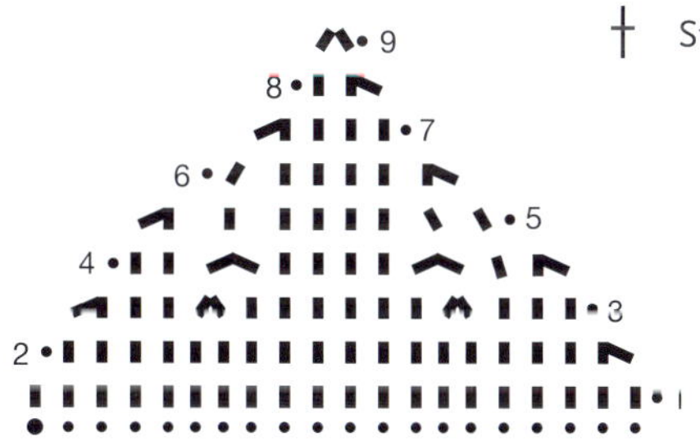

Häkelschrift B

Pandabär

Größe

ca. 20 cm ∅

Material

Für 1 Topflappenpaar:

- 2 Knl Topflappengarn in Weiß
- 1 Knl Topflappengarn in Schwarz
- Reste von dünnerem Baumwollgarn in Schwarz und Weiß
- Häkelnadeln Nr. 3,5 und 2,5

Ausführung

Den Kopf in Weiß mit Häkelnadel Nr. 3,5 arbeiten, wie bei der Katze (Seite 91) bis zur 18. Rd beschrieben.
19. Rd: 6 x jede 18. M verdoppeln (= 114 M). Bei der letzten Zunahmestelle zwischen den beiden fM für den Aufhänger 15 Lm häkeln und die 20. Rd anfügen.
20. Rd: Zuerst die 9. M verdoppeln, dann noch 5 x jede 19. M verdoppeln (= 120 M).
Nach der 20. Rd den Lm-Ring mit fM dicht umhäkeln.
Für die Schnauze in Weiß einen Kreis mit 6 Rd, als Einlage einen weiteren Kreis mit 5 Rd häkeln.
Die Ohren in Schwarz lt. Hs A und B in Hin- und Rück-R arbeiten. Unterhalb der Linie sind einige M der 20. Rd des Kopfes gezeichnet. Beim Anketten den Fadenanfang ca. 1,20 m lang hängen lassen. Mit dem Fadenanfang wird später das Ohr überhäkelt. An die 21. M vor dem Aufhänger den Faden anschlingen, Ohr lt. Hs A arbeiten. An die 8. M nach dem Aufhänger den Faden anschlingen, Ohr lt. Hs B arbeiten. Die Ohren mit Km überhäkeln.

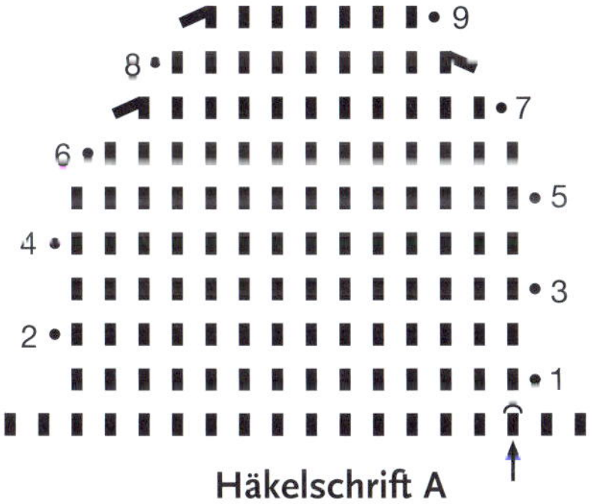

Häkelschrift A

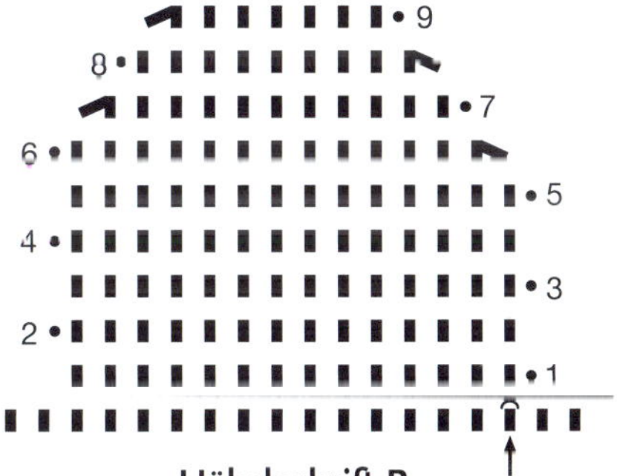

Häkelschrift B

- • Lm
- ⌒ Km
- ▮ fM
- ∨ 2 fM in 1 Einstichstelle
- ∧ 2 fM zus abm

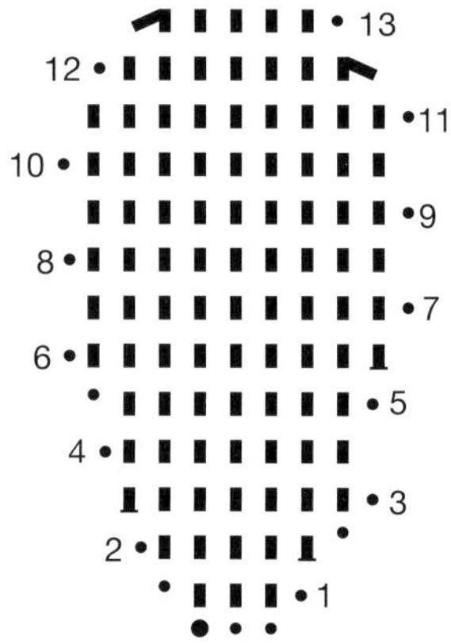

Häkelschrift C

Häkelschrift D

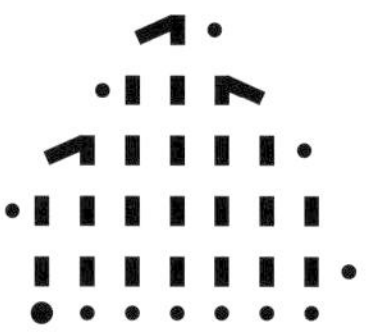

Häkelschrift E

Mit dünnerem Baumwollgarn und Häkelnadel Nr. 2,5 die Augen in Schwarz lt. Hs C, den inneren Kranz in Weiß lt. Hs D, den Mund in Schwarz lt. Hs E arbeiten (dicker Punkt = Anfangs-Lm). Den Mund auf die Schnauze nähen, die Linien mit Spannstichen aufsticken, siehe auch Foto. Die Einlage für die Schnauze mit wenigen Stichen auf den Kopf nähen, dann die Schnauze auflegen und festnähen. Die Schnauze verdeckt den Rd-Anfang des Kopfes. Die Augen aufnähen, das schmale Ende zeigt nach unten, den weißen Kranz lt. Foto aufnähen.

Zebra- und Giraffenmuster

(Abb. auf Seite 105)

Ausführung

41 Lm anschlagen. Die Lm in den Farben der 1. R lt. entsprechendem Zm anschlagen, dabei an der linken unteren Ecke beginnen. Für das Jacquardmuster den unbenutzten Faden jeweils mit dem Arbeitsfaden überhäkeln, beim Farbwechsel die letzte M einer Farbe jeweils mit der folgenden Farbe abm.

Beispiel

Beim Zebramuster werden nacheinander 4 Lm in Schwarz, 3 Lm in Weiß, 5 Lm in Schwarz usw. angeschlagen, dabei wird der andersfarbige Faden mitgeführt.

Größe

ca. 20 × 20 cm

Material

Für 1 Topflappenpaar „Zebra“:

- Je 1 Knl Topflappengarn in Weiß und Schwarz
- Häkelnadel Nr. 3,5

Für 1 Topflappenpaar „Giraffe“:

- 2 Knl Topflappengarn in Rotbraun
- 1 Knl Topflappengarn in Beige
- Häkelnadel Nr. 3,5

Zebra

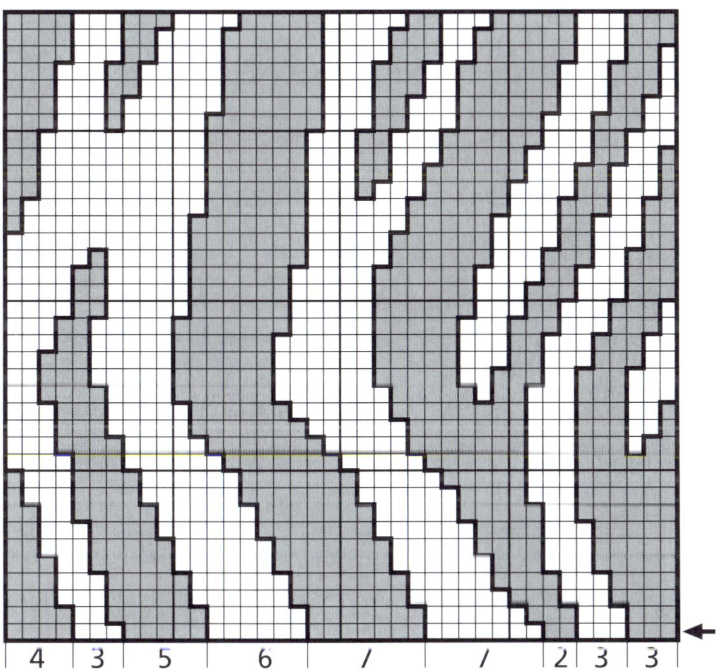

■ = Schwarz
□ = Weiß

Giraffe

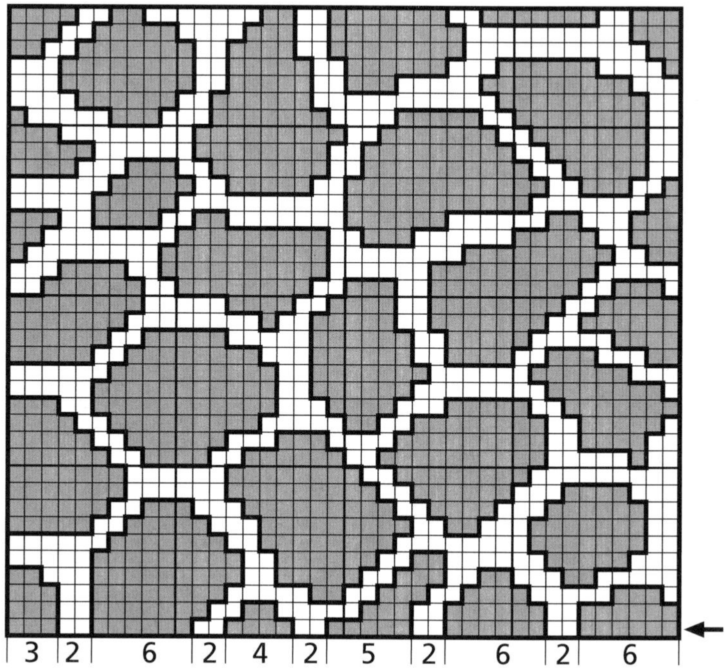

■ = **Rotbraun**
□ = **Beige**

Beim Abzählen der Lm beachten, dass beim Farbwechsel, d. h. wenn der Faden der 2. Farbe durch die auf der Nadel liegende Schlinge geholt wird, noch eine Lm in der zuvor verwendeten 1. Farbe gebildet wird. Lt. entsprechendem Zm arbeiten, beim Pfeil beginnen (= 40 fM pro R). In der 1. R auch die Fäden vom Lm-Anschlag überhäkeln. Nach der vorletzten R für den Aufhänger 15 Lm anschlagen, die Nadel aus der Schlinge nehmen, von der Vorderseite aus in den Eckpunkt einstechen, Schlinge durchholen und den Lm-Ring mit fM dicht umhäkeln. Danach die letzte R anfügen oder den Aufhänger nach der letzten R arbeiten.

Blatt mit Marienkäfern

Ausführung

9 Lm anschlagen und nach Zählmuster arbeiten. Nach Fertigstellung das Blatt mit 1 Rd fM umhäkeln. Für den Aufhänger 15 Lm mit fM umhäkeln.
Danach die mittlere Blattader in Dunkelgrün mit doppelt genommenem Faden im Spannstich aufsticken. Die seitlichen Blattlinien mit einfach genommenem Faden aufsticken.
Den großen Käfer mit 4 Rd, den mittleren Käfer mit 3 Rd und den kleinen Käfer mit 2 Rd in Rot häkeln. Schwanz, Kopf, Mittellinie und Punkte in Schwarz aufsticken. Abschließend die Marienkäfer auf dem Blatt positionieren und aufnähen.

Größe

ca. 24 × 21 cm

Material

Für 1 Topflappenpaar:

- 2 Knl Topflappengarn in Grün
- Reste von Topflappengarn in Rot, Schwarz und Dunkelgrün
- Häkelnadel Nr. 3,5
- Sticknadel ohne Spitze

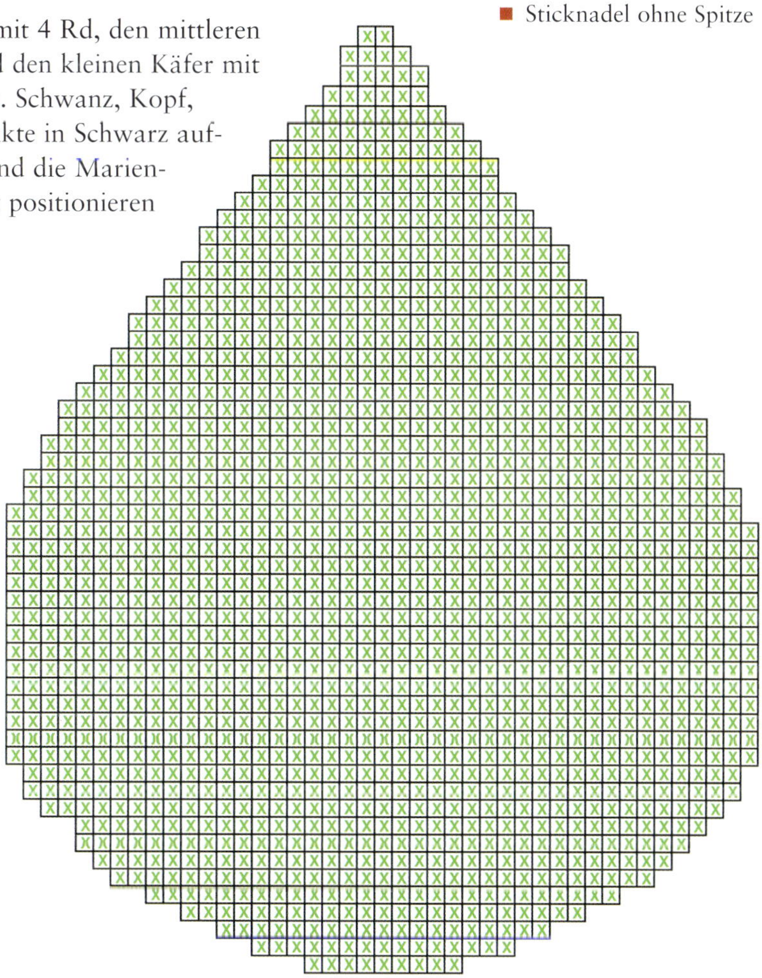

X fM in Grün

Hühnchen

Ausführung

Den Kopf wie bei der Katze (Seite 91) häkeln. Den Kamm und die Läppchen unter dem Schnabel in Rot, den Schnabel in Gelb gemäß Zählmustern arbeiten und auf den Kopf aufnähen.
Für den Aufhänger 12 Lm mit fM umhäkeln und hinter dem Kamm anhäkeln.
Für die Augen in Dunkelblau einen Fadenring mit 8 fM umhäkeln. In der 2. Rd jede 2. fM verdoppeln. Den Faden vernähen. Das 2. Auge ebenso arbeiten und die Augen auf den Kopf nähen.

Größe

ca. ∅ 20 cm

Material

Für 1 Topflappenpaar:

- 2 Knl Topflappengarn in Weiß
- Reste von Topflappengarn in Rot, Dunkelblau und Gelb
- Häkelnadel Nr. 3,5

Kamm

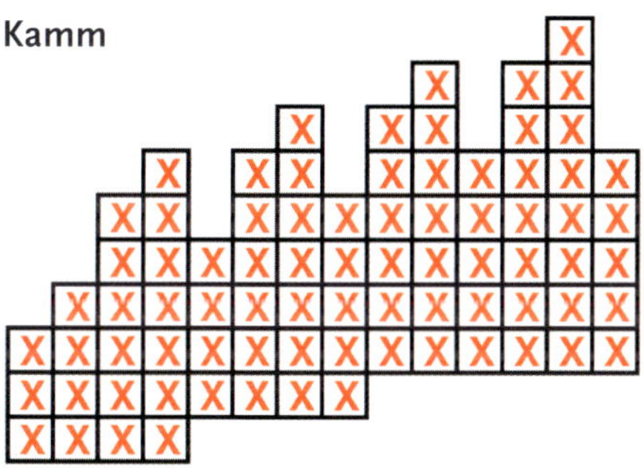

Kehlläppchen

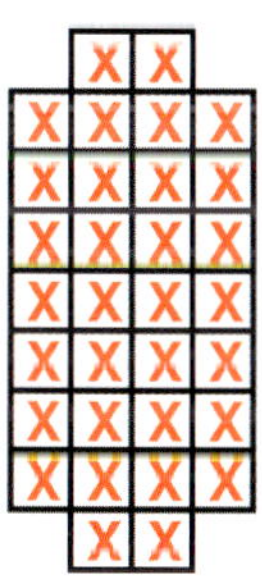

Schnabel

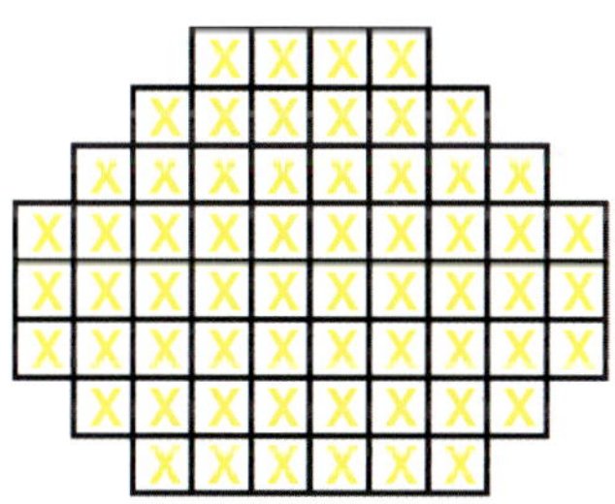

X fM in Rot

X fM in Gelb

Zuck

Pinguin

Größe

ca. 27 × 26 cm

Material

Für 1 Topflappenpaar:

- Je 2 Knl Topflappengarn in Weiß und Blau
- 1 Knl Topflappengarn in Schwarz
- Reste von Baumwollgarn in Rot, Gelb und Türkis
- Häkelnadel Nr. 3,5

Ausführung

Nach Zählmuster auf Seite 112 häkeln. 48 Lm und 1 Wendeluftmasche in Weiß anschlagen. Die 1. R mit fM in Weiß häkeln. Ab der 2. R den türkisfarbenen Faden mitführen.

1.–6. R: In Weiß häkeln.

In der 7. R mit dem Muster beginnen. Beim Farbwechsel jeweils die letzte M nur halb abhäkeln und mit der neuen Farbe beenden.

8. und 9. R: Hier den gelben Faden mitführen und die Füße häkeln.

Ab 10. R: Weiter in Weiß häkeln, jedoch jetzt den blauen Faden außerhalb des Pinguins mitführen, innerhalb des Pinguins den schwarzen Faden mitführen. Beim Verarbeiten des schwarzen Garns den weißen Faden mitführen. Beim Farbwechsel von Schwarz zu Weiß außerhalb des Pinguins die schwarzen und blauen Fäden auf der Rückseite verkreuzen. Innerhalb des Pinguins die andere Farbe einfach mitführen und umhäkeln. Bei den Schneeflocken die Fäden nicht überkreuzen, sondern nur mitführen und einhäkeln.

Ab 30. R: Innerhalb der roten Kette beim Häkeln des weißen Garns den roten und den schwarzen Faden mitführen und einhäkeln.

Beim Farbwechsel zum Schnabel den blauen Faden, der außerhalb des Pinguins mitgeführt wird, und den schwarzen Faden, der innerhalb des Pinguins mitgeführt wird, jeweils mit dem gelben Faden auf der Rückseite verkreuzen, den weißen Faden im gelben Garn einhäkeln.

Zum Schluss den Topflappen mit 1 Rd aus fM und Mäusezähnchen (siehe Seite 20) umhäkeln. Für den Aufhänger 12 Lm mit fM umhäkeln.

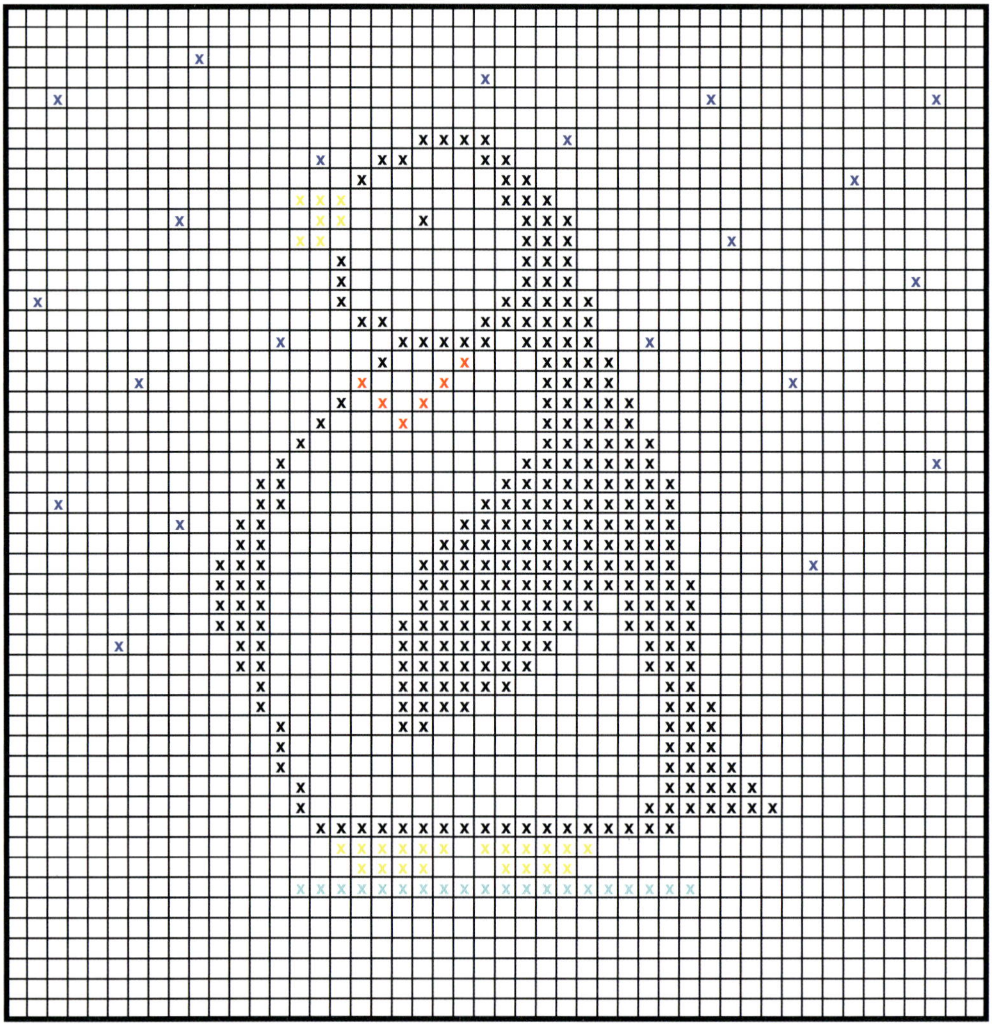

X fM in Schwarz

X fM in Gelb

X fM in Türkis

X fM in Rot

X fM in Blau

□ fM in Weiß

Schweinchen

(Abb. auf Seite 115)

Größe

ca. ∅ 19 cm

Material

Für 1 Topflappenpaar:

- 2 Knl Topflappengarn in Rosa
- Reste von Topflappengarn in Pink
- Reste von dünnerem Topflappengarn in Pink, Weiß und Hellblau oder Türkis
- Häkelnadel Nr. 3,5

Ausführung

1. Rd: Einen Fadenring mit 8 fM umhäkeln. Statt der 1. fM in jeder Rd 2 Lm häkeln.
2. Rd: Jede 2. M verdoppeln.
3. Rd: Jede 2. M verdoppeln.
4. Rd: Jede 3. M verdoppeln.
5. Rd: Jede 4. M verdoppeln.
6. Rd: Die 2. M und dann 5 x jede 5. M verdoppeln.
7. Rd: Jede 6. M verdoppeln.
8. Rd: Die 3. M und dann 5 x jede 7. M verdoppeln.
9. Rd: Jede 8. M verdoppeln.
10. Rd: Die 4. M und dann 5 x jede 9. M verdoppeln.
11. Rd: Jede 10. M verdoppeln.
12. Rd: Die 5. M und dann 5 x jede 11. M verdoppeln.
13. Rd: Jede 12. M verdoppeln.
14. Rd: Die 6. M und dann 5 x jede 13. M verdoppeln.
15. Rd: Jede 14. M verdoppeln.
16. Rd: Die 7. M und dann 5 x jede 15. M verdoppeln.
17. Rd: Jede 16. M verdoppeln.
18. Rd: Die 8. M und dann 5 x jede 17. M verdoppeln.
19. Rd: Jede 18. M verdoppeln.
20. Rd: Die 9. M und dann 5 x jede 19. M verdoppeln.
21. Rd: Jede 20. M verdoppeln.
In der 21. Rd für den Aufhänger 12 Lm arbeiten und mit fM umhäkeln.

Für die Schnauze einen Kreis mit 7 Rd häkeln und einen kleineren Kreis mit 6 Rd häkeln.
Nasenlöcher und Pupillen mit dünnerem Garn häkeln. Für die Nasenlöcher 2 Kreise mit 2 Rd in Pink häkeln. Die Augen in Weiß nach Zählmuster arbeiten. Für die Pupillen in Hellblau 2 Kreise mit 2 Rd häkeln.

Die Ohren nach Zählmuster fertigen. Das Innere der Ohren in Pink, das Äußere in Rosa arbeiten. Abschließend die Ohren mit 1 Rd aus fM in Rosa umhäkeln.
Die Nasenlöcher auf die Schnauze nähen, den Mund mit Spannstichen sticken und die Pupillen auf das Weiß der Augen nähen. Ohren und Augen auf den Kopf des Schweinchens nähen. Beim Aufnähen der Schnauze den kleineren Kreis unter den großen Kreis legen. Auf diese Weise erscheint die Schnauze plastischer.

linkes Ohr

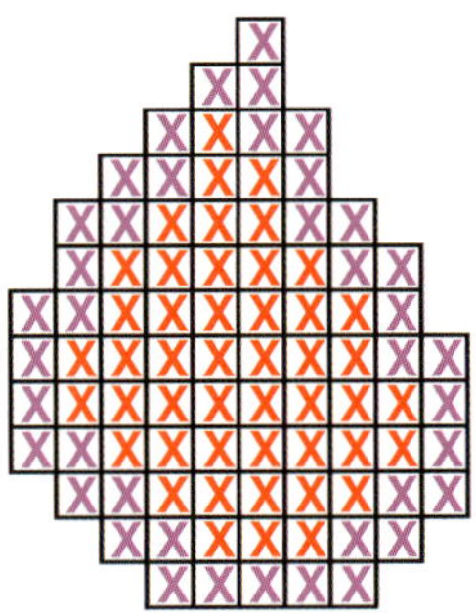

rechtes Ohr

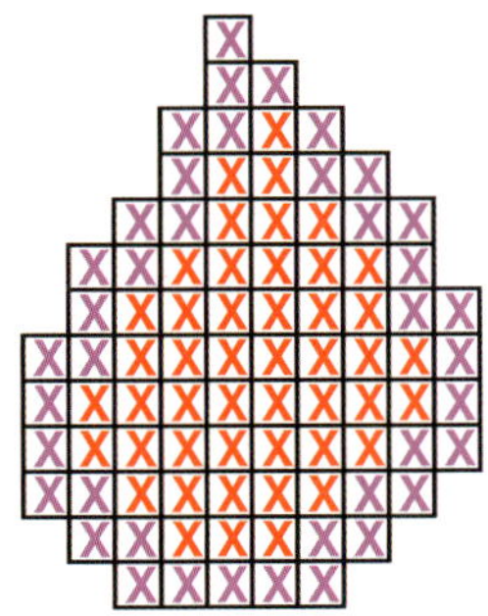

Auge

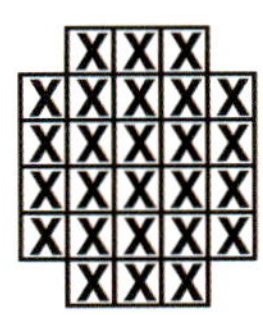

X fM in Schwarz

X fM in Rosa

X fM in Rot

Pfiffige Ideen

Sonnenblume

Größe

ca. 22 cm ∅

Material

Für 1 Topflappenpaar:

- 2 Knl Topflappengarn in Gelb
- 1 Knl Topflappengarn in Braun
- Häkelnadel Nr. 3,5

Ausführung

Für die Blütenmitte einen Kreis in Braun arbeiten.
1. Rd: In einen Fadenring 12 fM arbeiten.
2. Rd: 6 x jede 2. M verdoppeln (= 18 M).
3. Rd: 6 x jede 3. M verdoppeln (= 24 M).
4. Rd: 6 x jede 4. M verdoppeln (= 30 M).
5. Rd: Zuerst die 3. M verdoppeln, dann noch 5 x jede 5. M verdoppeln (= 36 M).
6. Rd: 6 x jede 6. M verdoppeln (= 42 M).
7. Rd: Zuerst die 4. M verdoppeln, dann noch 5 x jede 7. M verdoppeln (= 48 M).
8. Rd: 6 x jede 8. M verdoppeln (= 54 M = ca. 8,5 cm ∅).
Die Blütenblätter in Gelb lt. Hs arbeiten. 17 Lm anschlagen (dicker Punkt = Anfangs-Lm). Dann den Lm-Anschlag beidseitig überhäkeln, dabei die 1. fM in die 2. Lm ab Nadel häkeln. Insgesamt 36 Blätter arbeiten.
Je 18 Blätter zu einem Blätterkranz miteinander verbinden, dafür jeweils 2 Blätter nebeneinanderlegen und an den unteren 3 M gegeneinandernähen.
Anschließend die beiden Blätterkränze versetzt übereinanderlegen und am Innenrand mit Km zusammenhäkeln, dabei über jedem Blatt 2 Km arbeiten (= 1 x in der Mitte des Blattes und 1 x zwischen 2 Blättern einstechen). Die oben liegenden Blätter auf die unten liegenden Blätter nähen, dafür die in der Hs mit Pfeilen gekennzeichneten M mit einem kurzen Stich umfassen, d. h. unterhalb der Abmaschglieder ein- bzw. ausstechen und mit diesem Stich das unten liegende Blatt erfassen.
Die Blütenmitte mit Vorstichen auf den Blätterkranz nähen, dabei unterhalb der Abmaschglieder ein- und ausstechen.

• Lm
⌒ Km
▮ fM
| hStb

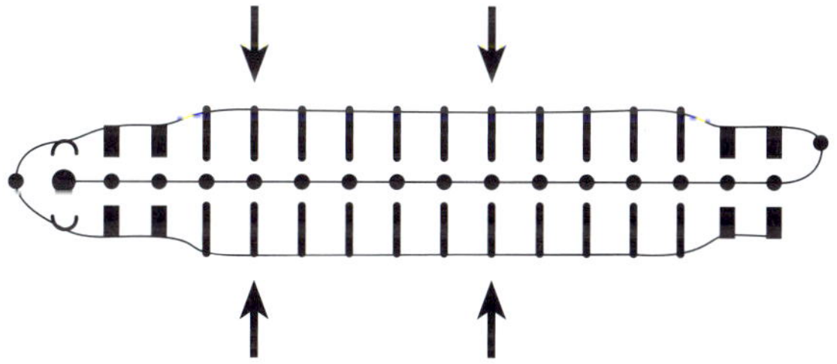

Smiley

Größe

ca. 20 cm ∅

Material

Für 1 Topflappenpaar:

- 2 Knl Topflappengarn in Gelb
- Reste von Topflappengarn in Weiß und Schwarz
- Reste von dünnerem Baumwollhäkelgarn in Schwarz
- Häkelnadeln Nr. 3,5 und 2,5

Ausführung

Den Kopf in Gelb im Grundmuster mit Häkelnadel Nr. 3,5 arbeiten.
1. Rd: In einen Fadenring 2 Lm + 7 fM arbeiten (= 8 M).
2. Rd: 4 x jede 2. M verdoppeln, d. h. 2 fM in dieselbe M der Vor-Rd arbeiten (= 12 M).
3. Rd: 6 x jede 2. M verdoppeln (= 18 M).
4. Rd: 6 x jede 3. M verdoppeln (= 24 M).
5. Rd: 6 x jede 4. M verdoppeln (= 30 M).
6. Rd: Zuerst die 2. M verdoppeln, dann noch 5 x jede 5. M verdoppeln (= 36 M).
7. Rd: 6 x jede 6. M verdoppeln (= 42 M).
8. Rd: Zuerst die 3. M verdoppeln, dann noch 5 x jede 7. M verdoppeln (= 48 M).
9. Rd: 6 x jede 8. M verdoppeln (= 54 M).
10. Rd: Zuerst die 4. M verdoppeln, dann noch 5 x jede 9. M verdoppeln (= 60 M).
11. Rd: 6 x jede 10. M verdoppeln (= 66 M).
12. Rd: Zuerst die 5. M verdoppeln, dann noch 5 x jede 11. M verdoppeln (= 72 M).
13. Rd: 6 x jede 12. M verdoppeln (= 78 M).
14. Rd: Zuerst die 6. M verdoppeln, dann noch 5 x jede 13. M verdoppeln (= 84 M).
15. Rd: 6 x jede 14. M verdoppeln (= 90 M).
16. Rd: Zuerst die 7. M verdoppeln, dann noch 5 x jede 15. M verdoppeln (= 96 M).
17. Rd: 6 x jede 16. M verdoppeln (= 102 M).
18. Rd: Zuerst die 8. M verdoppeln, dann noch 5 x jede 17. M verdoppeln (= 108 M).
19. Rd: 6 x jede 18. M verdoppeln (= 114 M).
20. Rd: Zuerst die 9. M verdoppeln, dann noch 5 x jede 19. M verdoppeln (= 120 M).
Danach über 72 M Km arbeiten, über die restlichen 48 M die Haare häkeln.

Haare und Augen mit schwarzem und weißem Topflappengarn häkeln. Die Haare mit Schwarz lt. Hs bis zur Mitte arbeiten, dann die R entsprechend fortsetzen, dabei die Länge der Haare gegengleich arbeiten.
Für die Augen 5 Lm in Schwarz anschlagen, dann nacheinander 1 fM, 2 Stb, 1 fM in die Lm arbeiten, die 1. fM in die 2. Lm ab Nadel häkeln. Augen mit Km in Weiß umhäkeln.
Für den Mund mit dem dünneren Baumwollhäkelgarn in Schwarz und Häkelnadel Nr. 2,5 ca. 47 Lm anschlagen, dann in jede Lm 1 Km arbeiten, die 1. Km in die 2. Lm ab Nadel häkeln. Augen und Mund aufnähen.
Für den Aufhänger den Faden auf der Rückseite anschlingen, 17 Lm häkeln, anketten und den Lm-Ring mit fM dicht umhäkeln.

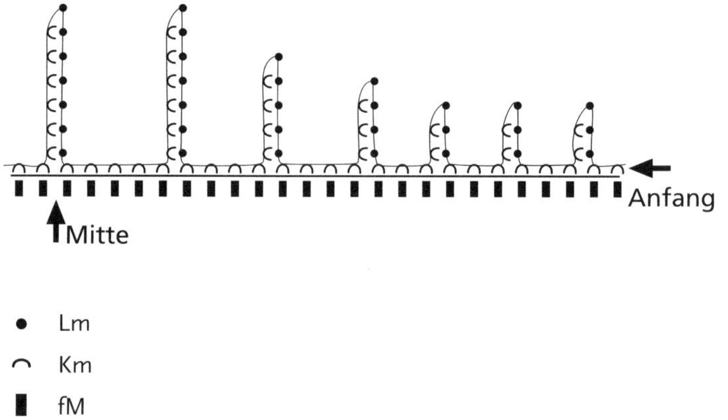

Erdbeere

(Abb. auf Seite 123)

Größe

ca. 22 x 23 cm

Material

Für 1 Topflappenpaar:

- 2 Knl Topflappengarn in Rot
- 1 Knl Topflappengarn in Gelb
- Rest von Topflappengarn in Grün
- Häkelnadel Nr. 3,5

Ausführung

Mit 6 Lm und 1 Wendeluftmasche in Rot beginnen, dann fM in Reihen nach dem Zm von Seite 122 häkeln. Die 1. R mit fM in Rot häkeln. Ab der 2. R das gelbe Garn mitführen, da es für die gelben Pünktchen benötigt wird. Beim Farbwechsel die letzte M einer Farbe nur halb abm und mit der anderen Farbe beenden. Bei den Zu- und Abnahmen am Reihenanfang und -ende bitte die Hinweise auf Seite 8 beachten.
Zum Schluss die Erdbeere mit 1 Rd fM in Rot umhäkeln.
Für den Aufhänger 12 Lm in Grün anschlagen und mit fM umhäkeln.
Die Blättchen laut Häkelschrift unten in Grün arbeiten. Dafür einen Lm-Ring mit 5 Lm anschlagen und mit 10 fM umhäkeln. Anschließend die jeweilige Anzahl an Lm anschlagen und mit Km, fM, halben Stb und Stb häkeln. Zum Schluss das Blatt mit 1 Km wieder mit dem Ring verbinden. Anschließend auf die Erdbeere nähen.

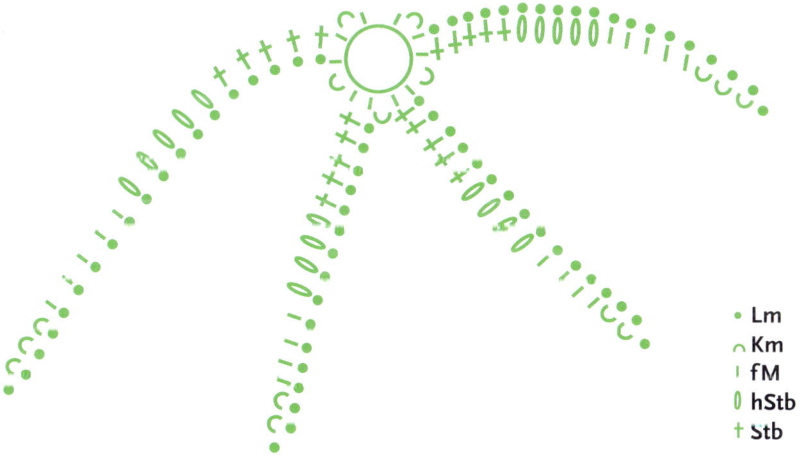

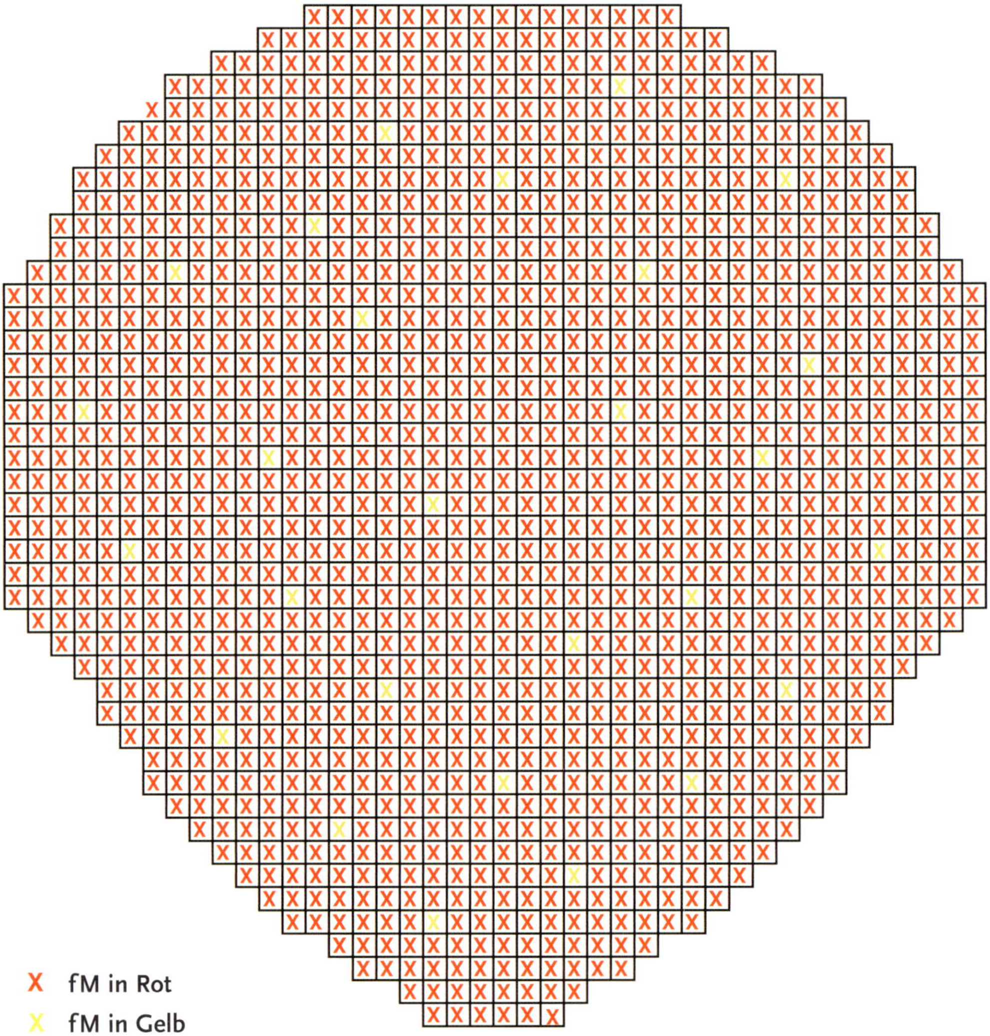

X fM in Rot
X fM in Gelb

Tänzer

Größe

ca. 20,5 × 20,5 cm

Material

Für 1 Topflappenpaar:

- Je 1 Knl Topflappengarn in Weiß und Schwarz
- Reste von Topflappengarn in Gelb, Orange, Rot und Grün
- Reste von dünnerem Baumwollhäkelgarn in Grün und Schwarz
- Häkelnadeln Nr. 3,5 und 2,5

Ausführung

Die Innenfläche und die Umrandung mit Topflappengarn und Nadel Nr. 3,5 arbeiten. Für die Innenfläche 35 Lm in Weiß anschlagen und lt. Hs A arbeiten, dabei in der 1. R die 1. fM in die 3. Lm ab Nadel häkeln. Nach der 28. R enden. Danach die Innenfläche mit einer Rd fM in Weiß umhäkeln, dabei am oberen und unteren Rand 4 x jede 6. und 7. M zus abm, d.h. aus 2 nebeneinanderliegenden M je 1 Schlinge durchholen und mit einem Umschlag alle auf der Nadel liegenden Schlingen abm. An den seitlichen Rändern in jede R 1 fM arbeiten. Nach dieser Rd liegen 28 fM zwischen den Eck-M.
Anschließend die Umrandung lt. Hs B in Schwarz arbeiten. Hs B zeigt unterhalb der Linie die letzte Rd der Innenfläche. An einer Seite den Faden bei Pfeil A anschlingen, bis Pfeil B arbeiten, dann die Ecke zwischen den Pfeilen B und C häkeln. Rd ergänzen, dabei zwischen den Ecken fortlaufend fM arbeiten.
Nach der 5. Rd den Topflappen mit fM in den Farben Gelb, Orange, Rot und Grün überhäkeln, für jede Seite eine andere Farbe verwenden, die 1. und letzte fM jeweils um die Eck-Lm arbeiten. Für den Aufhänger den Faden an einer Ecke anschlingen, 20 Lm häkeln, in die Ankettstelle einstechen, Schlinge durchholen, die Lm mit fM dicht umhäkeln, dann die folgende Seite mit fM umhäkeln.
Die Umrandung mit Zickzackstichen über je 2 Rd besticken, von der Mitte ausgehen, jeden Stich über 2 M in der Breite ausführen. Farbverteilung siehe Abb.
Die Figur mit dünnerem Baumwollhäkelgarn in Grün mit Häkelnadel Nr. 2,5 lt. Zm auf Seite 126 arbeiten (siehe „Allgemeine Hinweise“ auf Seite 8).
Das 1. Bein bei Pfeil A beginnen. 7 Lm anschlagen (= 6 fM). Nach 7. R das Teil stilllegen. Das 2. Bein bei Pfeil B beginnen. 4 Lm anschlagen (= 3 fM). In der 9. R die beiden Teile miteinander verbinden, dafür 10 fM mit Fuß-

schlinge arbeiten (siehe Seite 6), und über die gesamte Breite weiterhäkeln. Nach der 19. R den 1. Arm beenden. Dann bei Pfeil C den Faden neu anschlingen und nach der 20. R den 2. Arm beenden. Für den Kopf den Faden bei Pfeil D neu anschlingen und noch 7 R häkeln.
Zuletzt die Figur mit einer Rd fM in Schwarz umhäkeln. Die Figur auf die Innenfläche nähen.

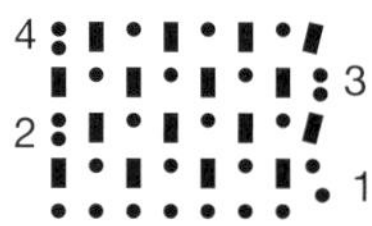

Häkelschrift A

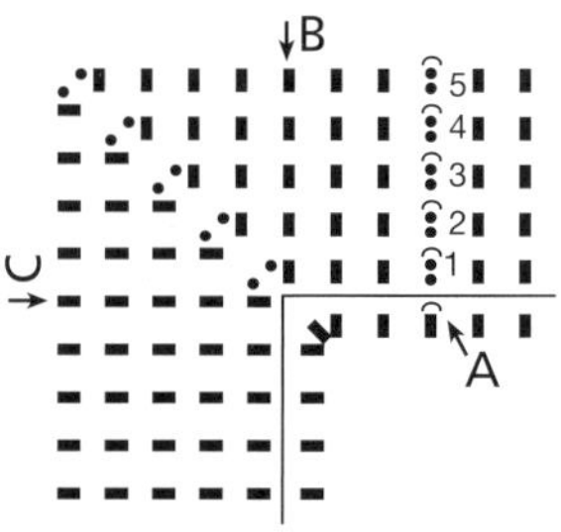

Häkelschrift B

• Lm
⌒ Km
□ ▮ fM

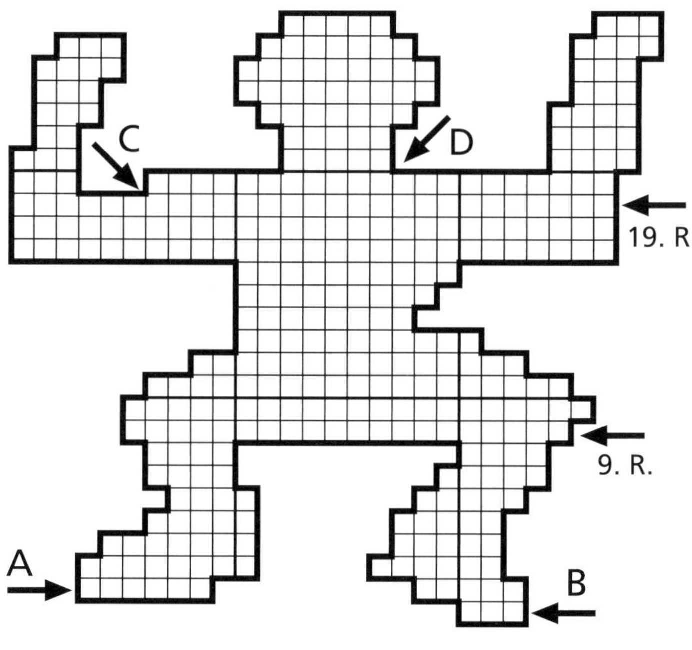

Häuschen

(Abb. auf Seite 129)

Größe

ca. 20 × 17,5 cm

Material

Für 1 Topflappenpaar:

- Je 1 Knl Topflappengarn in Beige und Rotbraun
- Reste von Baumwollhäkelgarn in Dunkelgrün, Blau und Hellblau
- Rest eines dünneren Baumwollhäkelgarns in Blau
- Reste von Baumwollsticktwist in Rot, Grün und Dunkelgrau
- Häkelnadeln Nr. 3,5 und 2,5

Ausführung

41 Lm in Dunkelgrün anschlagen. In Intarsientechnik lt. Zm A arbeiten, beim Pfeil beginnen (= 40 fM pro R). Für das Dach 19 Lm anschlagen. Dann mit fM nach Zm B arbeiten. An der oberen Dachkante beginnen (siehe Pfeil), die 1. fM in die 2. Lm ab Nadel häkeln (= 18 fM in der 1. R). Das Dach mit Vorstichen so auf das Haus nähen, dass es beidseitig gleichmäßig übersteht, dabei jeweils zwischen der letzten und vorletzten R von Haus und Dach ein- und ausstechen. Für die Fensterläden 4 Lm mit dünnerem Garn in Blau und mit Häkelnadel Nr. 2,5 anschlagen, fM in Hin- und Rück-R häkeln, dabei ab der 2. R die fM in das hintere (= halbe) Abmaschglied der Vor-R arbeiten. Nach der 8. R die Fensterläden mit Km umhäkeln (siehe Seite 9). Fensterläden an der Innenkante entlang an die Fenster nähen.

Mit dem dickeren blauen Garn das Fensterkreuz mit Spannstichen aufsticken. Die Blümchen mit ganzfädigem Sticktwist aufsticken, dafür an der unteren Kante der Fenster Spannstiche in Grün ganz dicht aufsticken, dann mit Rot einige Knötchenstiche sticken. Mit Dunkelgrau unterhalb des Grüns eine Steppstichlinie mit doppeltem Faden aufsticken.

Mit einem Rest dunkelblauem Garn Steppstiche lt. Zm A auf die Tür sticken, die Fensterläden jeweils oben und unten mit Spannstichen festnähen.

Für den Aufhänger den Faden in der Mitte der Dachkante anschlingen, 15 Lm häkeln, die Nadel aus der Schlinge nehmen, in die Ankettstelle einstechen, Schlinge durchholen und den Lm-Ring mit fM dicht umhäkeln.

Zählmuster B

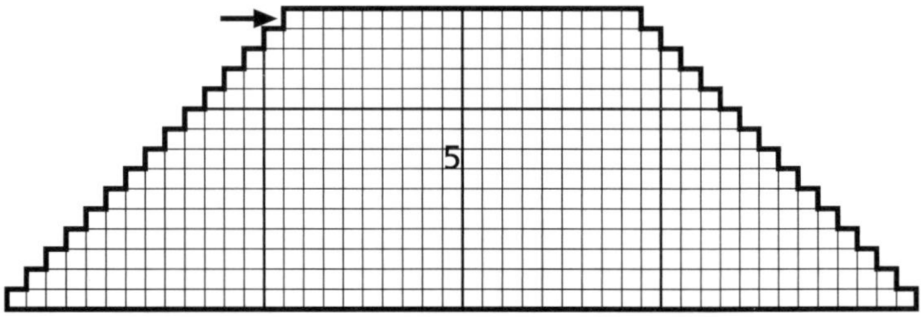

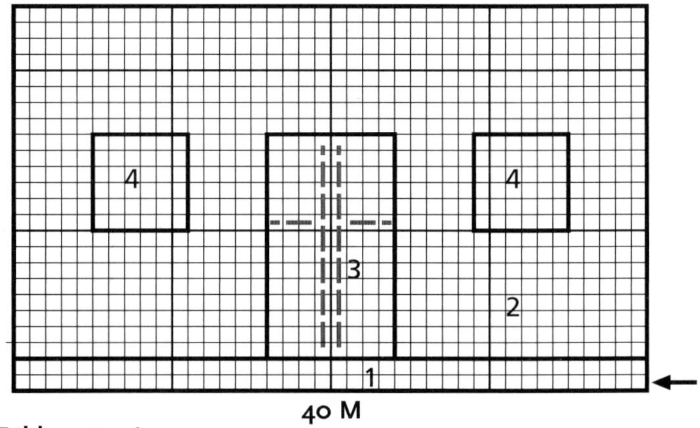

Zählmuster A

1 = Dunkelgrün

2 = Beige

3 = Blau

4 = Hellblau

5 = Rotbraun

VW-AE 55

VW-Käfer

Größe

20 × 16 cm (ohne Räder)

Material

Für 1 Topflappenpaar:
- Je 1 Knl Topflappengarn in Rot, Hellblau, Schwarz und Grau
- Rest dünneres Baumwollhäkelgarn in Ecru
- Baumwollsticktwist in Weiß und Schwarz
- Häkelnadeln Nr. 3,5 und 1,75

Ausführung

Den Käfer lt. Zm A mit fM in Reihen arbeiten. 37 Lm in Rot anschlagen, bei Pfeil A beginnen. Ab der 19. R die Farbflächen mit mehreren Knln arbeiten. Beim Farbwechsel die Fäden auf der Rückseite miteinander verkreuzen und die letzte M einer Farbe bereits mit der folgenden Farbe abm. Die seitlichen Ränder und den oberen Rand des Käfers mit fM umhäkeln.
Für den Aufhänger den Faden bei Pfeil B neu anschlingen, 8 Lm häkeln, dann die Nadel aus der Schlinge nehmen, bei Pfeil C Schlinge durchholen, 1 Lm häkeln, dann die Lm mit fM dicht umhäkeln.
Für die Stoßstange 43 Lm in Grau anschlagen und in Hin- und Rück-R fM arbeiten (= 42 M). Für die 2. R mit 1 Lm wenden und die 1. fM in die 2. M der Vor-R arbeiten, in die letzte fM der Vor-R 1 Km arbeiten. Für die Puffer 7 Lm in Grau anschlagen und 1 R (= 6 fM) arbeiten.
Die Reifen in Schwarz häkeln. Die Vorderreifen lt. Hs A, die Hinterreifen lt. Hs B arbeiten (dick gezeichneter Punkt = Anfangs-Lm). In der 2. R die fM in die vorderen (= halben) Abmaschglieder der Vor.-R häkeln.
Das Nummernschild mit weißem Sticktwist und Häkelnadel Nr. 1,75 arbeiten. 24 Lm anschlagen, in Hin- und Rück-R fM arbeiten (= 23 fM pro R). Insgesamt 6 R arbeiten.
Die Scheinwerfer mit ecrufarbenem Baumwollgarn und Nadelstärke Nr. 1,75 lt. Zm B arbeiten, beim Pfeil beginnen, 5 Lm anschlagen (= 4 fM in der 1. R).
Fertigstellung: Die Motorhaube mit einer Km-Linie in Schwarz betonen. Kettmaschenlinien aufhäkeln (siehe Seite 9).
In der Mitte eine senkrechte Linie in Grau aufhäkeln. Am Ende den Faden nicht zu kurz abschneiden und auf die Vorderseite ziehen.

Dann für den Kofferraumgriff noch 4 Lm häkeln. Den Griff so annähen, dass er etwas vom Häkelteil absteht. Das Fenster seitlich und oben mit einer roten Km-Linie betonen, zuletzt die Linie unterhalb des Fensters aufhäkeln, diese Linie am Rand beginnen und beenden (siehe auch Zm).
Die Scheinwerfer aufnähen. Für das Lenkrad mit schwarzem Häkelgarn eine Kettmaschenlinie aufhäkeln. Die Stoßstange so aufnähen, dass die untere Häkelreihe des Käfers verdeckt wird. Vorder- und Hinterreifen aufeinandernähen und unterhalb der Stoßstange festnähen. Das Nummernschild lt. Zm C mit schwarzem Sticktwist besticken und auf die Stoßstange nähen. Die Puffer seitlich vom Nummernschild festnähen.

● Lm
□ ▮ fM
❯ 2 fM in 1 Einstichstelle

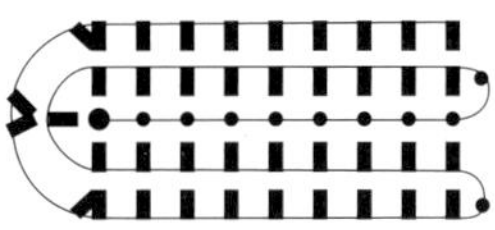

Häkelschrift A

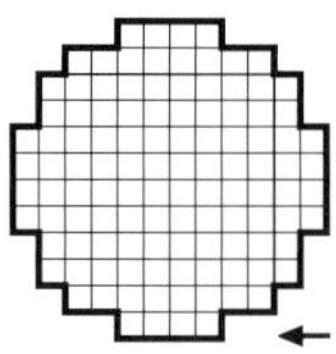

Zählmuster B

Zählmuster C

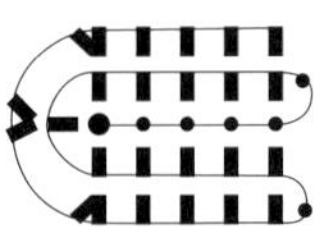

Häkelschrift B

1 = Rot
2 = Hellblau

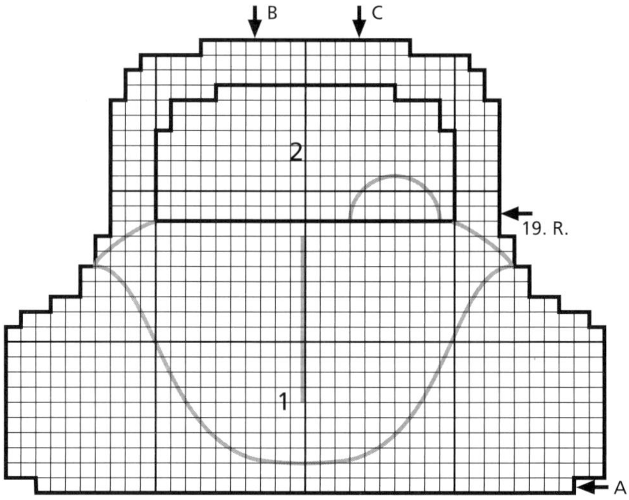

Zählmuster A

Vorfahrtschild

(Abb. auf Seite 130)

Ausführung

42 Lm in Blau anschlagen. Dann nach dem Zm arbeiten, beim Pfeil beginnen (= 41 fM pro R). Die Farbflächen mit mehreren Knln häkeln. Beim Farbwechsel die Fäden auf der Rückseite verkreuzen und die letzte M einer Farbe jeweils mit der folgenden Farbe abm. Am Ende der letzten R für den Aufhänger 20 Lm häkeln und eine Km in die letzte M der Vor-R arbeiten. Dann 1 Lm häkeln, Teil wenden und den Lm-Ring mit fM dicht umhäkeln.

Größe

ca. 20,5 × 20,5 cm

Material

Für 1 Topflappenpaar:

- 2 Knl Topflappengarn in Blau
- Je 1 Knl Topflappengarn in Weiß und Rot
- Häkelnadel Nr. 3,5

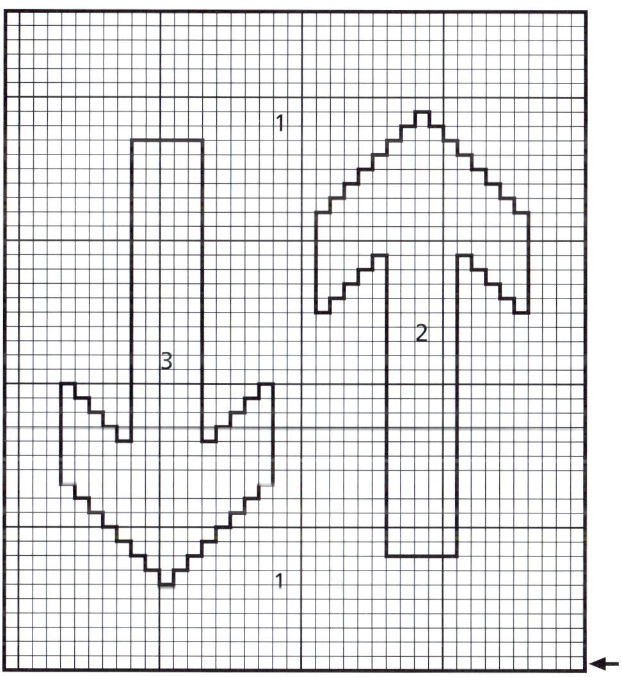

1 = Blau

2 = Weiß

3 = Rot

Richtungspfeil

Größe

ca. ∅ 23 cm

Material

Für 1 Topflappenpaar:

- Je 2 Knl Topflappengarn in Weiß und Blau
- Häkelnadel Nr. 3,5

Ausführung

12 Lm und 1 Wendeluftmasche in Blau anschlagen und nach Zählmuster arbeiten. Ab der 2. R den weißen Faden mitführen. In der 9. R mit dem Pfeil in Weiß beginnen. Beim Farbwechsel die letzte M einer Farbe nur zur Hälfte abhäkeln und in der neuen Farbe beenden.
Zum Abschluss den Topflappen mit 2 Rd fM in Weiß umhäkeln. Für den Aufhänger 15 Lm mit fM umhäkeln. (Bei den Zu- und Abnahmen die Häkeltipps auf Seite 8 beachten.)

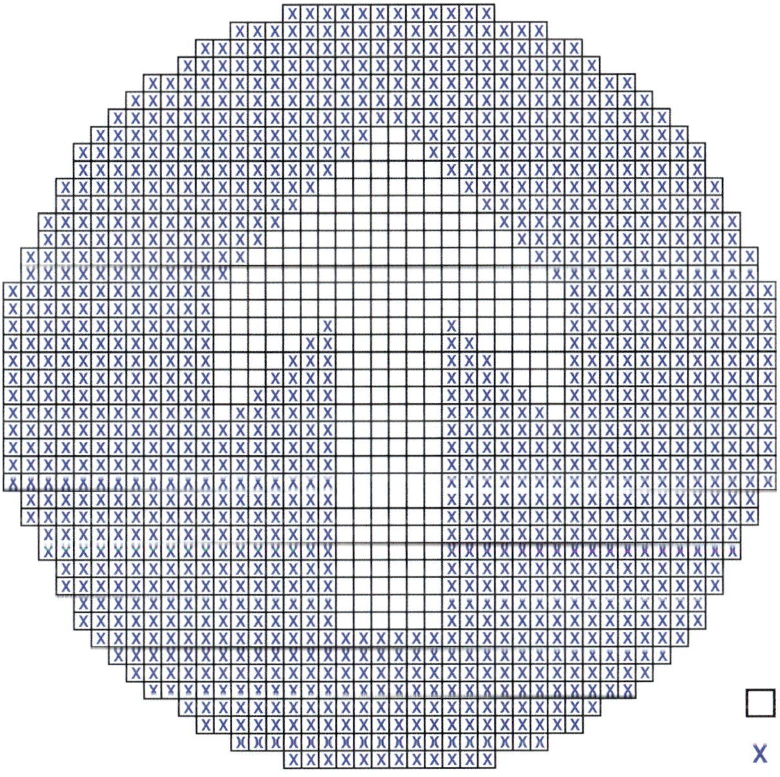

☐ fM in Weiß

X fM in Blau

STOP

Stoppschild

Größe

ca. 25 x 25 cm

Material

Für 1 Topflappenpaar:

- Je 2 Knl Topflappengarn in Rot und Weiß
- Häkelnadel Nr. 3,5

Ausführung

22 Lm und 1 Wendeluftmasche in Rot anschlagen und fM nach Zählmuster arbeiten. Ab der 2. R den weißen Faden mitführen und umhäkeln. Beim Häkeln der Schrift den roten Faden mitführen und einhäkeln.
In der 17. R mit der Schrift beginnen. Beim Farbwechsel die letzte M einer Farbe nur zur Hälfte abhäkeln und in der neuen Farbe beenden. Zum Schluss den Topflappen mit 2 Rd fM in Weiß umhäkeln. Für den Aufhänger 15 Lm arbeiten und mit fM umhäkeln. (Bei den Zu- und Abnahmen die Häkeltipps auf Seite 8 beachten.)

☐ fM in Weiß

x fM in Rot

Eier
Butter
Nutella

Jeans

Größe

ca. 20 × 17 cm

Material

Für 1 Topflappenpaar:

- 3 Knl Baumwollgarn „Blue Jeans“ von Coats in Hellblau
- Häkelnadel Nr. 4,0
- Baumwollsticktwist in Ocker
- 1 Knopf

Hinweis

Das Garn wird durchweg 2-fädig verwendet.

Ausführung

Die Hose zweiteilig arbeiten (siehe Zm). 17 Lm anschlagen, bei Pfeil A beginnen, die 1. fM in die 2. Lm ab Nadel häkeln (= 16 fM in der 1. R). Für die Beinschräge am linken Seitenrand zunehmen, dann an der dick eingezeichneten Linie gerade hoch arbeiten. In der 21. R mit den Abnahmen für den Tascheneingriff beginnen. Dafür nach der 20. R den Faden abschneiden. In der 21. R den Faden durch die mit Pfeil gekennzeichnete M durchholen, dann lt. Zm weiterarbeiten. Die 2. Hälfte bei Pfeil B beginnen. Für die Beinschräge am rechten Seitenrand zunehmen. In der 5. R 4 M zunehmen, dann an der gestrichelten Linie gerade hoch arbeiten. Nach der 21. R den Faden abschneiden. In der 22. R den Faden durch die mit Pfeil gekennzeichnete M durchholen, dann lt. Zm weiterarbeiten. Für die Ergänzungsteile unter den Taschen (siehe gestrichelte Linien) jeweils 11 Lm anschlagen und 12 R fM häkeln.

Den Hosenbund ebenfalls zweiteilig arbeiten. 19 Lm anschlagen, bei Pfeil C beginnen (= 18 fM pro R). Nach der 5. R die vordere Kante mit Km überhäkeln. Für das unten liegende Teil 22 Lm anschlagen, bei Pfeil D beginnen (= 21 fM pro R: 3 M mehr für den Untertritt).

Taschenkanten, innere Beinkanten und bei dem oben aufliegenden Teil die vordere Kante mit Km überhäkeln.

Dann die Stepplinien mit ganzfädigem Sticktwist aufsticken (siehe auch Foto). Die Ergänzungsteile unter die Hosenteile legen und die Seitenkanten mit Km überhäkeln, dabei die beiden Teile jeweils miteinander verbinden.

Ergänzungsteile auf der Rückseite festnähen. Die Bundteile mit Steppstichen auf die Hosenteile nähen, dabei zwischen der 1. und 2. R der Bundteile und der letzten und vorletzten R der Hosenteile einstechen. An der oberen Kante der Bundteile ebenfalls eine Steppstichlinie arbeiten. Teile übereinanderlegen und von der Rückseite zusammennä-

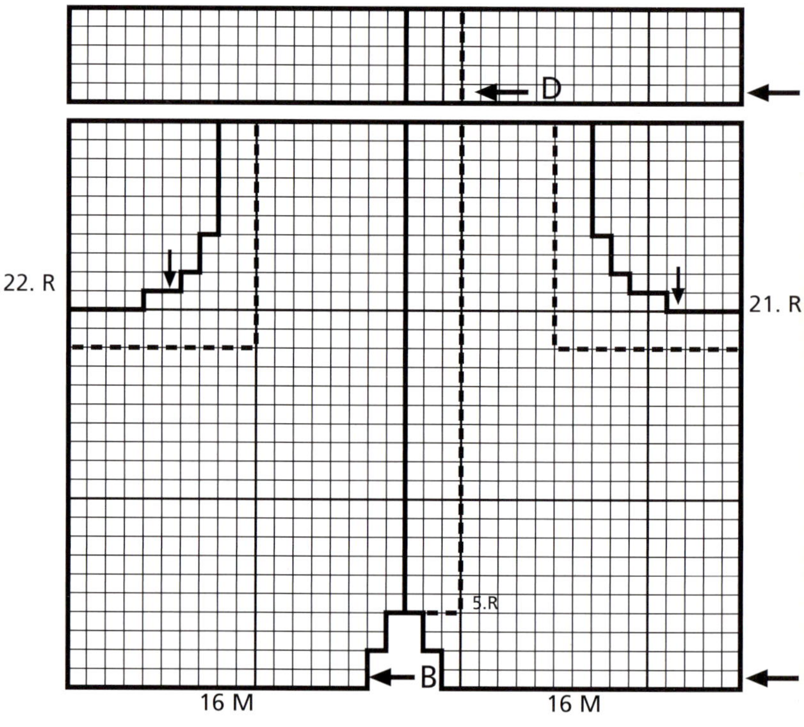

hen. Für den Aufhänger an der rechten oberen Ecke einstechen, Schlinge durchholen, 12 Lm anschlagen, Nadel aus der Schlinge nehmen, in den Eckpunkt einstechen, Schlinge durchholen und den Lm-Ring mit fM dicht umhäkeln. Knopf aufnähen.

Für Globetrotter

Größe

ca. 21 × 25 cm

Material

Für 1 Topflappenpaar:

- Je 2 Knl Topflappengarn in Rot und Weiß
- 1 Knl Topflappengarn in Blau
- Häkelnadel Nr. 3,5

Stars and Stripes

Ausführung

Gemäß Zählmuster auf Seite 143 in fM arbeiten. 48 Lm und 1 Wendeluftmasche anschlagen. Mit 4 R in Rot beginnen. Den weißen Faden dabei auf die M der Vorrunde legen und umhäkeln (mitführen). Danach 3 R in Weiß häkeln. Dabei den roten Faden mitführen.
Von jetzt an abwechselnd mit Rot und Weiß in Dreierreihen bis zur 19. R häkeln.

20. R: 25 fM in Rot häkeln, den weißen Faden wieder mitführen. Dann 23 M in Blau weiterhäkeln, den weißen Faden auch beim blauen Garn mitführen. Der rote Faden bleibt auf der Topflappenrückseite hängen. Gemäß Zählmuster weiterarbeiten.
Die letzte M einer Farbe vor dem Farbwechsel immer nur halb abhäkeln und in der jeweiligen neuen Farbe abm. Beim Farbwechsel von Rot zu Blau oder von Weiß zu Blau die Fäden auf der Rückseite verkreuzen. Den weißen Faden im blauen Teil der Fahne immer mitführen, da er für die Sternchen gebraucht wird. Beim Farbwechsel von Rot zu Blau den roten Faden immer auf der Rückseite hängen lassen.
Ebenso beim Farbwechsel von Blau zu Weiß oder Blau zu Rot den blauen Faden auf der Rückseite hängen lassen. Den roten oder weißen Faden jeweils mitführen und umhäkeln.
Zum Schluss die Flagge mit 1 Rd fM umhäkeln, für den Aufhänger 12 Lm anschlagen und mit fM umhäkeln.

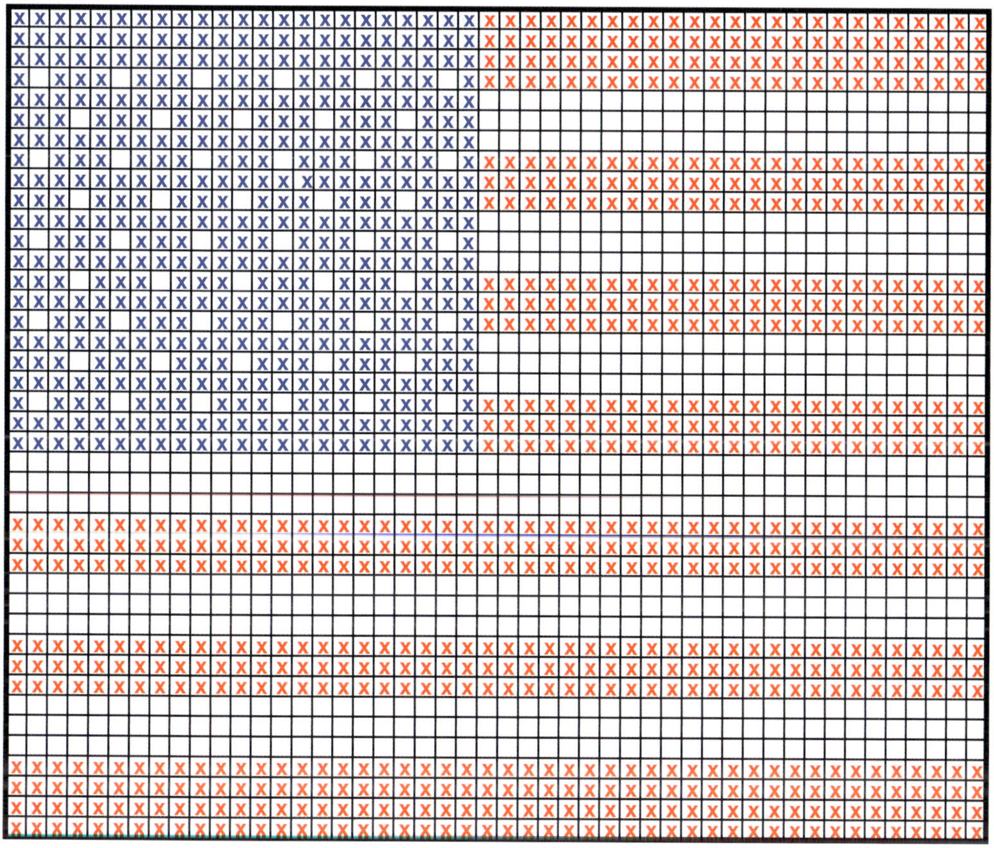

□ fM in Weiß

X fM in Rot

X fM in Blau

Asien

Größe

ca. 20 × 20 cm

Material

Für 1 Topflappenpaar:

- 2 Knl Topflappengarn in Weiß
- 1 Knl Topflappengarn in Schwarz
- Häkelnadel Nr. 3,5

Ausführung

41 Lm in Weiß anschlagen. Dann in Intarsientechnik nach dem Zm arbeiten, beim Pfeil beginnen (= 40 fM pro R). Die Farbflächen mit mehreren Knäueln arbeiten. Beim Farbwechsel die Fäden auf der Rückseite verkreuzen und die letzte M einer Farbe jeweils mit der folgenden Farbe abm. Innerhalb des Zeichens den jeweils andersfarbigen Faden mitführen, d.h. mit der 2. Farbe überhäkeln. Am Ende der letzten R für den Aufhänger 20 Lm häkeln und 1 Km in die letzte M der Vor-R arbeiten. 1 Lm häkeln, Teil wenden und den Lm-Ring mit fM dicht umhäkeln.

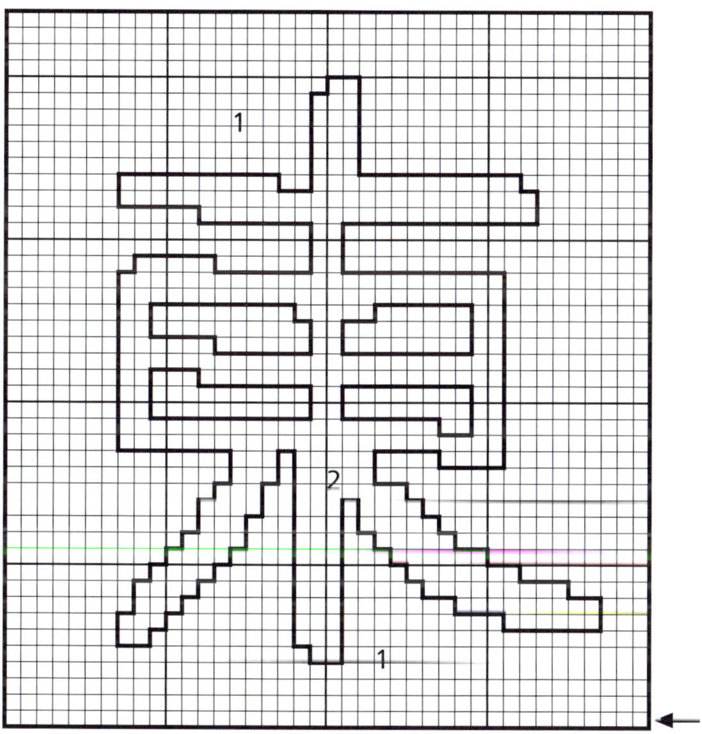

1 = Weiß

2 – Schwarz

Das Schriftzeichen bedeutet „Osten“.

Mexiko

Größe

ca. 22 × 20 cm

Material

Für 1 Topflappenpaar:

- Je 1 Knl Topflappengarn in Weiß und Schwarz
- Reste von Topflappengarn in Gelb, Blau, Grün und Rot
- Häkelnadel Nr. 3,5

Ausführung

37 Lm in Schwarz anschlagen. In fM weiterarbeiten (= 36 fM pro R). Nach der 4. R über die 4 äußeren M in Schwarz, über die dazwischen liegenden 28 M in Weiß weiterarbeiten. Jede Farbfläche mit einem Extra-Knl arbeiten. Beim Farbwechsel die Fäden auf der Rückseite verkreuzen und die letzte M einer Farbe mit der folgenden Farbe abm. Nach insgesamt 32 R über die ganze Breite noch 4 R in Schwarz häkeln. Am Ende der letzten R für den Aufhänger 15 Lm anschlagen, die Nadel aus der Schlinge nehmen, von der Vorderseite aus in den Eckpunkt einstechen, Schlinge durchholen und den Lm-Ring mit fM dicht umhäkeln.

Die Topflappenaußenkante mit Zacken überhäkeln, jede Seite mit einer anderen Farbe (siehe Foto). Dafür den Faden mit 1 Km an einem Eckpunkt anketten, die Zacken lt. Hs arbeiten, nach jeder Zacke 1 Km in den Topflappenrand arbeiten, und zwar jeweils nach 5 R, 1 x nach der 6. R. Lt. Foto mit jeweils 2 M bzw. 2 R Abstand zum schwarzen Rand Km-Linien auf die weiße Fläche häkeln (siehe Seite 9). Vogelmotiv lt. Vorzeichnung in Schwarz und Rot in die Topflappenmitte häkeln, evtl. Kontur mit Bleistift zart vorzeichnen.

• Lm
▮ fM
┼ Stb
‡ DStb

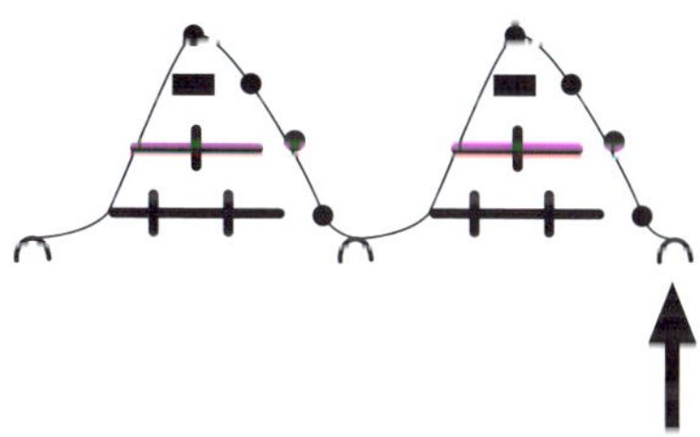

Feste und Feiern

Kleeblatt

Größe

ca. 20 cm ∅

Material

Für 1 Topflappenpaar:

- 2 Knl Topflappengarn in Grün
- Häkelnadel Nr. 3,5
- Sticknadel ohne Spitze

Ausführung

2 Lm anschlagen. In fM nach Zm weiterhäkeln (beim Pfeil beginnen, die 1. fM in die 2. Lm ab Nadel häkeln). Nach der 18. R zuerst die rechte Hälfte beenden. Danach die Nadel in die mittlere M der 18. R einstechen, den Faden durchholen und die linke Hälfte anhäkeln. Insgesamt 4 Blätter arbeiten und jeweils mit 2 Rd Km überhäkeln, dabei in der 2. Rd in das hintere (= halbe) Abmaschglied der Vor-Rd einstechen. Die Blätter aneinander legen und zusammennähen, dafür mit einer Sticknadel ohne Spitze jeweils die Km zweier nebeneinander liegender Blätter erfassen und den Faden durchziehen. Diese Verbindungsstiche in einer Zickzacklinie von der Spitze aus über ca. 12 R nach oben ausführen. Für den Aufhänger 20 Lm anschlagen, mit einer Km zur Rd schließen. Lm-Ring mit fM dicht umhäkeln. Aufhänger auf der Rückseite festnähen.

Glücksschwein

Größe

22 × 15 cm

Material

Für 1 Topflappenpaar:

- 2 Knl Topflappengarn in Pink
- Häkelnadel Nr. 3,5
- 1 Knopf, schwarz, 1 cm ∅

Ausführung

Für das Hinterbein 8 Lm anschlagen, bei Pfeil A beginnen (= 7 fM in der 1. R). Nach 3 R das Teil stilllegen. Für den Bauch 10 Lm anschlagen (= 9 fM).

Nach 1 R das Teil stilllegen. Für das Vorderbein 7 Lm anschlagen, bei Pfeil B beginnen (= 6 fM in der 1. R). Mit der 4. R die Teile miteinander verbinden, dafür zwischen den Teilen jeweils 1 fM mit Fußschlinge arbeiten (siehe Seite 9). Danach weiter über die gesamte Breite lt. Zm arbeiten. Das im Zm eingezeichnete Ohr wird separat gehäkelt.

Nach der letzten R für den Aufhänger den Faden bei Pfeil C neu anschlingen, 8 Lm häkeln, dann die Nadel aus der Schlinge nehmen, bei Pfeil D Schlinge durchholen und die Lm mit fM dicht umhäkeln. Anschließend das Schwein mit Km überhäkeln.

Für das Ohr 3 Lm anschlagen, bei Pfeil E beginnen (= 2 fM in der 1. R). Das Ohr mit fM überhäkeln, an der Oberkante festnähen.

An der Schnauze Km-Linien aufhäkeln (graue Linien im Zm).

Für das Ringelschwänzchen 15 Lm anschlagen und mit fM überhäkeln, dabei die 1. fM in die 2. Lm ab Nadel häkeln. Weiter abwechselnd in eine Lm 1 fM, in die nächste Lm 2 fM arbeiten. Ringelschwänzchen aufnähen. Knopf als Auge aufnähen.

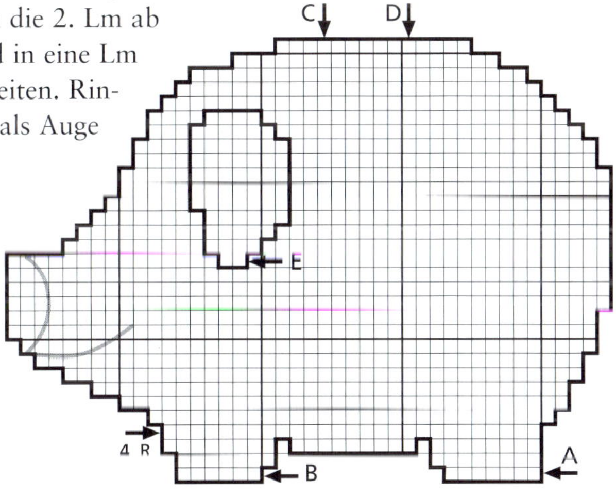

CHAMPAGNE
PROSIT NEUJAHR

Prosit Neujahr

Größe

ca. 20 × 20 cm

Material

Für 1 Topflappenpaar:

- 2 Knl Topflappengarn in Nachtblau
- Reste von Topflappengarn in Grau, Pink, Gelb und Orange
- Häkelnadel Nr. 3,5
- Sticknadel ohne Spitze

Ausführung

In Nachtblau 36 Lm anschlagen und in hStb nach Hs (Seite 154) weiterhäkeln (= 34 hStb pro R). In der 1. R das 1. hStb in die 3. Lm ab Nadel häkeln. Nach der 1. R die 2. und 3. R fortlaufend wiederholen, dabei jeweils mit 2 Lm wenden und die hStb zwischen 2 hStb der Vor.-R arbeiten. Nach der 28. R (= in 17 cm Höhe) mit Pink in fM weiterarbeiten, dabei die Wende-Lm bereits mit Pink arbeiten und in der 1. R 6 M zunehmen, d. h. in das 2. hStb, dann noch 5 x in jedes 6. folgende hStb 2 fM arbeiten (= 40 fM pro R). Insgesamt 6 R häkeln (= 2 R in Pink, 2 R in Gelb und 2 R in Orange). Am Ende der letzten R für den Aufhänger 15 Lm anschlagen, die Nadel aus der Schlinge nehmen, von der Vorderseite aus in den Eckpunkt einstechen, Schlinge durchholen und den Lm-Ring mit fM dicht umhäkeln. Dann die Topflappenoberkante mit 1 R Km überhäkeln.
Für die Gläser mit Grau lt. Zm A Km-Linien aufhäkeln (siehe auch Seite 9). Die senkrechten Striche stellen die hStb dar – die Wende-Lm sind nicht eingezeichnet –, die Punkte markieren die Einstichstellen für die Km-Linie. Beim dicken Punkt beginnen, d. h. an dieser Stelle den Faden von unten zur Schlinge durchholen. Weiter der dünnen Linie folgend für jeden Punkt zwischen 2 hStb einstechen und die Schlinge durchholen. Beim Stiel die Schlingen etwas länger ziehen, da hier die Km über 2 R in der Höhe gearbeitet werden. Nach der letzten Km den Faden abschneiden und auf die Vorderseite ziehen. Das Fadenende mit einer Sticknadel unter die Anfangs-Km führen und in die letzte Km einstechen. Innerhalb der Gläser mit Gelb eine Km Linie häkeln. Am linken Glasrand in der 3. R unterhalb der grauen Linie beginnen, dann in Zickzacklinien bis zur unteren Spitze arbeiten, an den Rändern bis zu den Einstichpunkten der grauen Linie arbeiten.
Den Schriftzug lt. Zm B mit Spannstichen in Nachtblau, die Sternchen in unterschiedlichen Größen aufsticken.

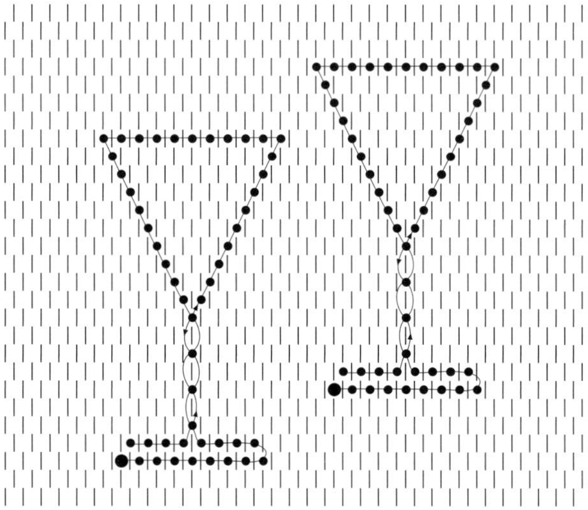

Zählmuster A

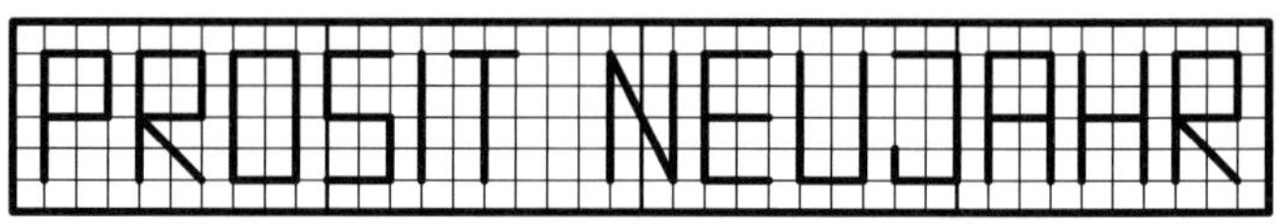

Zählmuster B

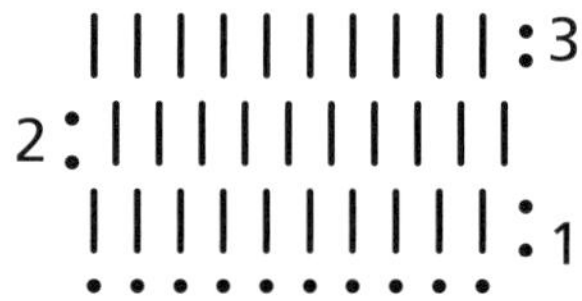

- ● Lm
- | hStb

Grundmuster aus hStb

Tannenbaum

(Abb. auf Seite 157)

Größe

ca. 20 × 20 cm

Material

Für 1 Topflappenpaar:

- 2 Knl Topflappengarn in Rot
- 1 Knl Topflappengarn in Grün
- Reste von Topflappengarn in Dunkelgrün und Gelb
- Häkelnadel Nr. 3,5

Ausführung

40 Lm, d. h. 16 Lm in Rot, 7 Lm in Dunkelgrün, und 17 Lm in Rot anschlagen. Beim Abzählen der Lm beachten, dass beim Farbwechsel, d. h. wenn der Faden der 2. Farbe durch die auf der Nadel liegende Schlinge geholt wird, noch 1 Lm in der zuvor verwendeten 1. Farbe gebildet wird. In Intarsientechnik fM nach Zm weiterarbeiten, beim Pfeil beginnen (= 39 fM pro R). Die Farbflächen mit mehreren Knl. arbeiten. Beim Farbwechsel die Fäden auf der Rückseite verkreuzen und die letzte M einer Farbe jeweils mit der folgenden Farbe abm. Nach der vorletzten R für den Aufhänger 15 Lm häkeln, die Nadel aus der Schlinge nehmen, von der Vorderseite aus in den Eckpunkt einstechen, Schlinge durchholen und den Lm-Ring mit fM dicht umhäkeln, danach die letzte R anfügen.
Für den Stern mit Gelb 4 Lm anschlagen, 1 fM in die 2. Lm ab Nadel häkeln, dann 1 Stb und 1 Dstb. in die folgenden Lm arbeiten (= 1. Zacke). Danach * 3 Lm anschlagen, 1 fM in die 2. Lm ab Nadel häkeln, 1 Stb in die folgende Lm, dann 1 Dstb in das Dstb der davorliegenden Zacke häkeln, dafür das vordere Abmaschglied und den davor liegenden M-Draht erfassen. Ab * noch 4 x wiederholen. Nadel aus der Schlinge nehmen, in die Anfangs-Lm einstechen, Schlinge durchholen und noch 10 Lm häkeln. Stern lt. Foto auf den Tannenbaum nähen.

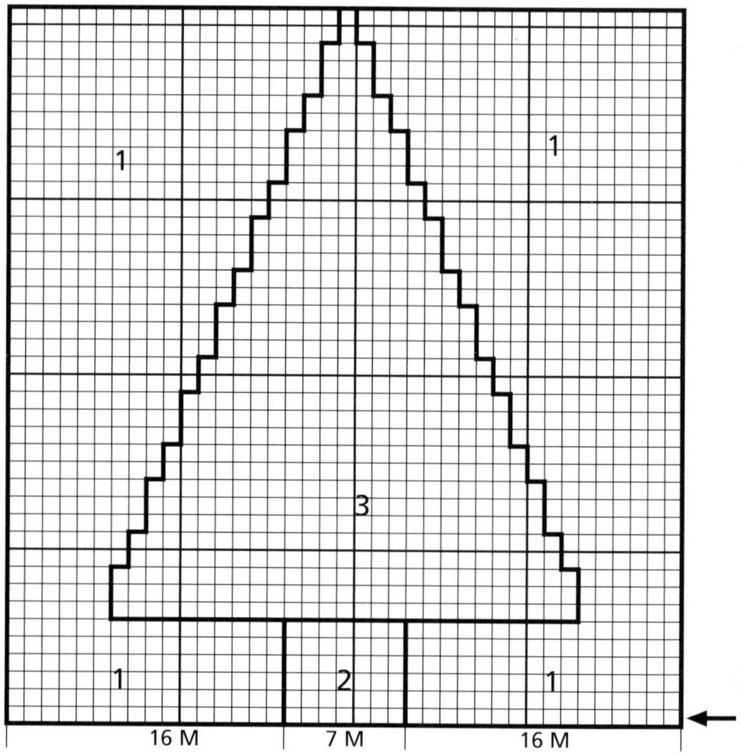

1 = Rot

2 = Dunkelgrün

3 = Grün

HAPPY BIRTHDAY

Geburtstagstorte

Größe

24 × 18 cm

Material

Für 1 Topflappenpaar:

- 2–3 Knl Topflappengarn in Weiß
- 1 Knl dünneres Baumwollhäkelgarn in Rot
- Baumwollsticktwist in Gelb und 2 verschiedenen Rosatönen
- Häkelnadeln Nr. 3,5, 2,5 und 1,75
- Sticknadel ohne Spitze

Ausführung

27 Lm anschlagen. Lt. Zm in fM arbeiten, bei Pfeil A beginnen. Nach der 13. R die grau getönte Fläche (= im Zm links) lt. Hs A arbeiten, dabei werden nur die fM mit Pfeil in die M der 13. R gearbeitet. Die restlichen 3 M (zwischen senkrechter durchgezogener Linie und gestrichelter Linie) werden später vom Tortenteil verdeckt. Die grau getönte Fläche (= im Zm rechts) lt. Hs. B arbeiten, dafür 4 Lm anschlagen (dick gezeichneter Punkt = Anfangs-Lm). Die ersten 3 fM in die Lm arbeiten, die fM mit Pfeil in die M der 13. R häkeln. Anschließend den Faden auf der Rückseite bei Pfeil B neu anschlingen, 1 Lm häkeln, dann bis Pfeil C 36 fM arbeiten, dabei wird die 1. fM in dieselbe M gearbeitet wie die Km. Gerade hoch arbeiten. Nach der 25. R die getönten Flächen wie zuvor beschrieben arbeiten, dann über die 24 fM zwischen den Pfeilen D und E gerade hoch arbeiten und das Teil lt. Zm beenden. Die obere und untere Kante sowie die seitlichen geraden Kanten mit Km überhäkeln, außerdem zwischen den seitlichen Kanten eine Verbindungs-Linie mit Km-Linien aufhäkeln. Km-Linien aufhäkeln (siehe Seite 9). Die Rundungen für die Tortenstufen nicht überhäkeln.

Dekoration

Zur Betonung der Stufen mit doppeltem Sticktwistfaden in Rosa und Nadel Nr. 2,5 Pikotbändchen arbeiten. Für das untere Bändchen zuerst 10 Lm, dann fortlaufend Pikots häkeln, d.h. * 3 Lm häkeln, dann 1 fM in die 1. der 3 Lm arbeiten, ab * fortlaufend wdh. Nach ca. 26 Pikots noch 10 Lm häkeln. Die exakte Anzahl der Pikots festlegen, indem man das Bändchen auf das Häkelteil legt, dabei liegen die Lm auf den Abnahmen am Rand, das Pikotbändchen wird in einer geschwungenen Linie von Ecke zu Ecke gelegt. Für das mittlere Bändchen 10 Lm und ca.

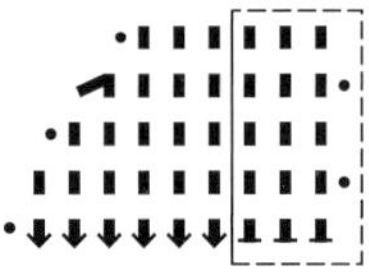

Häkelschrift A

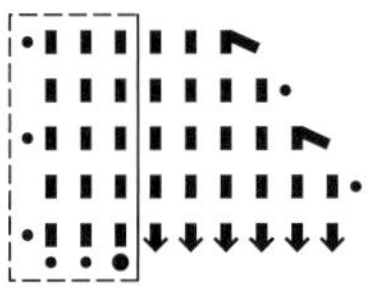

Häkelschrift B

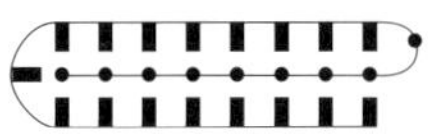

Häkelschrift C

22 Pikots häkeln. Für das obere Bändchen ca. 30 Lm und 14 Pikots häkeln. Bändchen lt. Abb. aufnähen.
Kerzen lt. Hs C mit rotem Baumwollgarn und Häkelnadel Nr. 2,5 arbeiten. 9 Lm anschlagen und den Lm-Anschlag beidseitig überhäkeln. Für die große Kerze 12 Lm anschlagen und fM in Hin- und Rück-R arbeiten.
Insgesamt 5 R häkeln. Dann einen doppelten Sticktwistfaden in Gelb in der Kerzenmitte anschlingen, 15 Lm häkeln, Nadel aus der Schlinge nehmen, in die Ankettstelle einstechen und eine Schlinge durchholen. 1 Lm häkeln, dann den Lm-Ring mit fM dicht umhäkeln. Kerzen lt. Abb. aufnähen, bei den kleinen Kerzen für die Flamme einen Margeritenstich in Gelb sticken.
Für die Rosetten in einen Fadenring 18 Stb häkeln, davon das 1. Stb durch 3 Lm ersetzen. In der 2. Rd in jede M 1 fM in das hintere (= halbe) Abmaschglied der Vor-R arbeiten. Rosetten aufnähen. In der Mitte einen Knötchenstich in Rot arbeiten.
Schriftzug lt. Zm mit rotem Garn aufsticken.

- ● Lm
- ▌ fM
- ⬇ fM in die M der 13. R
- ◢◣ 2 fM zus abm

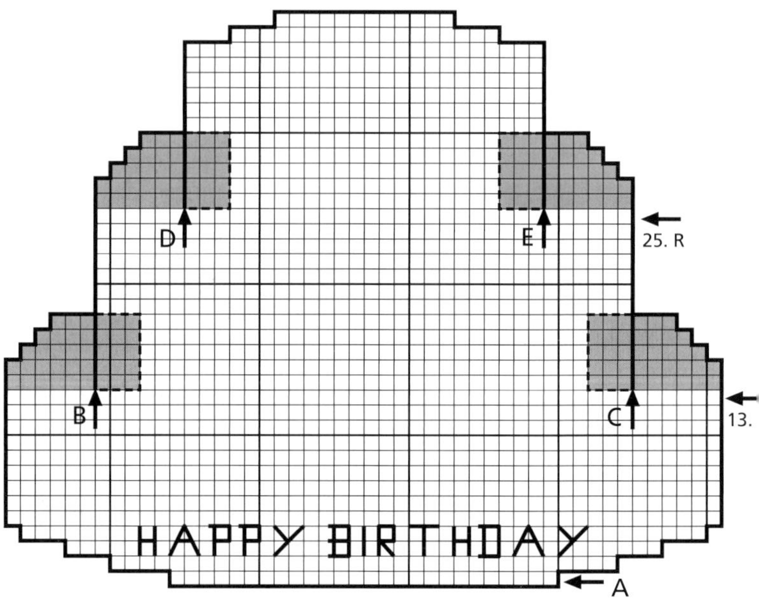